광명진언 기도법

❀효림

광명진언 기도법

초 판 1쇄 펴낸날 2008년 12월 15일
　　　31쇄 펴낸날 2024년 10월 23일

지은이 일타큰스님 · 김현준
펴낸이 김연지
주필 · 고문 김현준
펴낸곳 효림출판사

등록일 1992년 1월 13일 (제2-1305호)
주 소 서울시 서초구 반포대로14길 30, 907호 (서초동, 센츄리 I)
전 화 02-582-6612, 587-6612
팩 스 02-586-9078
이메일 hyorim@nate.com

값 6,000원

ⓒ효림출판사 2008
ISBN 978-89-85295-59-8 03220

잘못 만들어진 책은 바꾸어 드립니다.
이 책은 저작권법에 따라 보호를 받는 저작물이므로 무단전재와 무단복제를 금지합니다.

光明眞言

옴 아모가 마이로자나
마하 무드라 마니라 흐마
즈바라 프라 바를타 야훔

〈 일타큰스님의 광명진언 친필 〉

서 문

> **광명진언**
> 옴 아모가 바이로차나 마하무드라
> 마니 파드마 즈바라 프라바를타야 훔

　이 땅에 광명진언을 최초로 보급한 분은 신라의 원효대사입니다. 하지만 세월의 흐름에 따라 광명진언은 차츰 잊혀져 갔고, 『유심안락도』를 읽는 일부 계층에서만 이 진언을 외웠습니다.
　그러다가 현대에 이르러 일타큰스님께서 이 진언을 널리 보급하기 시작하였고, 스님의 『생활 속의 기도법』이 불자 필독의 책이 됨에 따라 그 책 속의 〈영가천도 기도법〉에 수록된 글로 인해 광명진언 기도가 불교계에 크게 확산되었습니다.
　현재 이 땅에서 크게 유행하고 있는 광명진언

기도! 그러나 총 29자의 광명진언 속에 깃들어있는 의미와 구체적인 기도법을 아는 이는 참으로 드뭅니다.

　이에 일타큰스님의 〈영가천도 기도법〉을 앞에 실어 광명진언에 대한 신심을 북돋우고, 제가 그 뒤를 이어 불자들이 궁금해하는 광명진언의 참의미와 바른 기도법, 빠른 기도성취법 등을 자상하게 밝힘과 동시에, 주변에서 체험한 유형별 영험담을 함께 엮어 이 책을 발간하게 되었습니다.

　광명진언을 외우며 기도를 하면 가정의 행복과 평화, 각종 시험합격, 취업성취, 결혼 및 재물문제의 해결, 영가천도 등에 특별한 영험이 있는것으로 알려져 있습니다. 누구나 보기 쉽도록 큰 활자로 발간한 이 책을 읽고 기도하시어 꼭 소원성취 하옵기를 축원드리며, 책을 발간한 공덕을 일타큰스님의 무량대도(無量大道)와 일체중생의 극락왕생에 회향 하옵니다.

불기 2552년 12월
김현준 합장

차례

· 서문 ······ 9

I. 영가천도 기도법 ··· 13
   1. 영가의 천도 · 15
   2. 광명진언을 외우며 · 42

II. 광명진언의 의미와 기도법 ··· 71
   1. 광명진언이란? · 73
   2. 광명진언의 의미 · 85
   3. 기도 방법 및 참고사항 · 105

III. 광명진언 기도 영험담 ··· 125

I
영가천도 기도법

일타큰스님

1. 영가의 천도

살아 있는 존재들이 가장 싫어하는 것은 죽음이다. 가장 두려워하는 것도 죽음이다. 만약 사람이 죽지 않고 영원히 살 수 있다면….

그러나 지금껏 그러한 일은 없었다. 태어난 존재에게는 반드시 죽음이 찾아들고, 생겨난 것은 반드시 사라지게끔 되어 있다.

그렇다고 하여 죽음이나 사라짐으로 모든 것이 끝나는 것 또한 아니다. 그것은 새로운 시작이다. 죽음이 있기 때문에 새롭게 태어날 수 있는 것이다.

그래서 옛 성현들은 죽음을 '옷 갈아입는 일'처럼 받아들였다. 옷을 오래 입어 낡았으니 새 옷으로 갈아입어야겠다며 담담히 받아들였다. 마이카 시대인 요즘으로 말하면, 오래 탄 헌 차를 버리고 새 차로 바꾸어 타는 것이 죽음이요 환생(還生)으로 본 것이다.

그럼 어떤 옷으로 갈아입고 어떤 차로 갈아타게 되는 것인가? 그 결정권은 '나 스스로 지은 바 업'이 쥐고 있다. 살아생전 내가 지은 행위, 내가 추구한 바를 좇아 인연처를 구하는 것이다.

극악(極惡)의 죄를 지은 사람은 지옥으로, 한평생 좋은 일만 하고 산 사람은 천상(天上)의 세계로, 탐욕에 찌든 존재는 아귀(餓

鬼)의 옷을, 뚜렷한 원력(願力)을 세운 사람은 그 원을 이룰 수 있는 좋은 환경으로 나아가게 된다. 자기가 지은 업의 에너지가 맞는 사이클을 찾아 파고드는 것이다.

그 모든 중생이 살아생전에 잘살고 훌륭한 원을 세워, 죽은 다음 좋은 곳에 태어난다면 무슨 근심이 있으랴? 자신뿐만 아니라 가족·이웃 모두가 편안한 마음을 가질 것이다.

하지만 죽은 사람의 한평생 업을 살펴볼 때, 자유롭고 좋은 세상에 가지 못할 것 같은 느낌이 드는 경우도 많고, 망인이 좋게 환생할 것 같기는 하지만 보다 더 좋은 세계로 나아갔으면 하는 바람을 뒤에 남은 사람들은 갖기 마련이다.

이러한 중생의 열망에 응하여 부처님께서 설하신 것이 천도법(薦度法)이다. 불보살의 크나큰 자비를 근거로 삼아 죽은 이를 보다 좋은 세계로 나아갈 수 있도록 인도하는 영가천도의 묘법(妙法)이 우리 불교 집안에 마련되어 있는 것이다.

어느 학인 스님의 죽음

이제 구체적인 영가 천도 기도법을 이야기하기 전에 한 편의 이야기를 통하여 우리가 꼭 알아두어야 할 영가에 대한 기본 상식 몇 가지를 살펴보고자 한다.

수십 년 전 합천 해인사에서 있었던 일이다. 강원의 학승들이 가을 수확철에 장경각 뒤쪽의 잣나무 숲으로 잣을 따러 갔다. 그런데 잣나무가 워낙 높아 한 나무에 올라갔다가 다시 내려와서 다른 나무로 올라가려면 힘이 드니까, 몸이 재빠른 학인들은 가지를 타고 이 나무에서 저 나무로 그냥 건너뛰는 일이 많았다.

그날도 그렇게 잣을 따다가 한 학인이 자칫 실수하여 나무 밑으로 떨어지고 말았다. 마침 그 밑에 낙엽이 수북이 쌓여 있어 몸에 상처는 입지 않았지만 완전히 숨이 끊어지고 말았다.

그러나 그 학인은 자기가 죽은 것을 알지

못하였다. 다만 순간 어머님이 보고 싶다는 생각이 일어났고, 그 생각이 일어나자 그는 이미 속가의 집에 들어서고 있었다. 그는 배가 많이 고픈 상태에서 죽었기 때문에 집에 들어서자마자 길쌈을 하고 있는 누나의 등을 짚으며 '밥을 달라'고 하였다.

그런데 이게 어찌된 일인가? 어머니와 함께 길쌈을 하던 누나가 갑자기 펄펄 뛰며 '머리가 아파 죽겠다'는 것이었다. 누나가 아프다고 하자 면목이 없어진 그는 한쪽에 우두커니 서 있었는데, 어머니가 보리밥과 풋나물을 된장국에 풀어 바가지에 담아 와서는 시퍼런 칼을 들고 이리저리 내두르며 벼락같이 고함을 지르는 것이었다.

"네 이놈 객귀야, 어서 먹고 썩 물러

가라."

그는 깜짝 놀라 뛰어나오며 투덜거렸다.

"에잇, 빌어먹을 집. 내 생전에 다시 찾아오나 봐라! 그래, 나도 참 별일이지. 중이 된 몸으로 집에는 무엇 하러 왔나? 더군다나 사람대접을 이렇게 하는 집에…. 가자. 나의 진짜 집 해인사로."

그리고는 해인사를 향하여 가고 있는데, 길 옆 꽃밭에서 청춘남녀가 화려한 옷을 입고 풍악을 울리며 신나게 놀고 있는 것이었다. 잠시 넋을 잃고 바라보고 있으니 한 젊은 여자가 다가와서 옷자락을 잡아당기며 유혹하였다.

"스님, 우리랑 함께 놀다 가세요."

"중이 어찌 이런 곳에서 놀 수 있겠소?"

"에잇, 그놈의 중! 간이 적어서 평생 중질밖에 못해 먹겠다."

사양을 하고 돌아서는 그를 보고 여인은 욕을 퍼부었다. 욕을 하든 말든 다시 해인사로 돌아오는데, 이번에는 예쁘장하게 생긴 여인이 길가에 서 있다가 붙잡고 매달리는 것이었다. 억지로 뿌리치고 걸음을 옮기는데, 이번에는 수건을 머리에 질끈 동여맨 수십 명의 무인들이 활을 쏘아 잡은 노루를 구워 먹으면서 함께 먹을 것을 권하였다.

그들도 간신히 뿌리치고 절에 도착하니, 재(齋)가 있는지 염불소리가 들려왔다. 그런데 아무래도 그 소리가 이상하였다. 가까이 다가가서 유심히 들어보니, 목탁을 두드리는 스님은 '은행나무 바리때' 뚝딱뚝딱

'은행나무 바리때' 뚝딱뚝딱 하고 있고, 요령을 흔드는 스님은 '제경행상' 딸랑딸랑 '제경행상' 딸랑딸랑 하고 있는 것이었다.

'참 이상한 염불도 다 한다'고 생각하면서 열반당(涅槃堂) 간병실로 가보니 자기와 꼭 닮은 사람이 누워 있는 것이었고, 그를 발로 툭 차는 순간 그는 다시 살아났다.

그런데 조금 전에 집에서 보았던 누나와 어머니는 물론 여러 조객들이 자기를 앞에 놓고 슬피 울고 있는 것이었다. 영문을 알 수가 없었던 그는 살아난 자신을 보고 기절초풍을 하는 어머니에게 여쭈었다.

"어머니, 왜 여기 와서 울고 계십니까?"

"네 놈이 산에 잣을 따러 갔다가 죽었지 않았느냐! 그래서 지금 초상 치를 준비를 하고 있었다."

세상이 진정 일장춘몽이었다. 그는 다시 어머니에게 물었다.

"어제 집에서 누나가 아픈 일이 있었습니까?"

"그럼, 멀쩡하던 애가 갑자기 죽는다고 하여 밥을 바가지에 풀어서 버렸더니 다시 살아나더구나."

그는 다시 자신을 위해 염불을 해주던 도반 스님에게 물었다.

"아까 내가 들으니 너는 은행나무 바리때만 찾고 너는 제경행상만을 찾던데, 도대체 그것이 무슨 소리냐?"

"나는 전부터 은행나무로 만든 너의 바리때를 매우 갖고 싶었어. 너의 유품 중에서 그것만은 꼭 가지고 싶다는 생각이 어찌나 강하게 나던지…. 너를 위해 염불을 하면서도 '은행나무 바리때'에 대한 생각을 떨쳐버릴 수가 없었어. 정말 미안하네."

"나도 역시 그랬다네. 네가 평소에 애지중지하던 『제경행상 諸經行相』이라는 책이 하도 탐이 나서…."

죽었다가 살아난 학인은 그 말을 듣고 문득 깨닫는 바가 있어 무인들이 노루고기를 먹던 장소를 가 보았다. 그런데 사람들의 자취는 없고 큰 벌집만 하나 있었다. 꿀을 따는 벌들이 열심히 그 집을 드나들고 있을 뿐….

다시 미모의 여인이 붙들고 매달리던 곳으로 가보니 굵직한 뱀 한 마리가 또아리를 틀고 있었으며, 청춘남녀가 풍악을 울리며 놀던 곳에는 비단개구리들이 모여 울고 있었다.

"휴, 내가 만일 청춘남녀나 무사·미녀의 유혹에 빠졌다면 분명 개구리·뱀·벌 중 하나로 태어났을 것이 아닌가!"

자력의 천도, 타력의 천도

해인사에서 실제로 있었던 이 이야기는 영가에 대한 몇 가지 중요한 사실을 우리에게 상기시키고 있다. 그것과 연결시켜 영가천도에 대한 이야기들을 전개시켜 보자.

죽어서 육체를 이탈한 영(靈)은 업을 좇아 헤매이게 되고, 자기의 업과 인연이 있는 곳에 이르면 걷잡을 수 없는 유혹에 빠지게 된다. 비단개구리가 화려한 옷을 입고 풍악을 울리며 놀고 있는 청춘남녀로 보인 것이나, 또아리를 튼 뱀이 어여쁜 여인으로 보인 것도 한 예이다.

영혼은 자기가 태어나야 할 인연처에 이르면 그곳이 이 세상에서 가장 바람직한 낙원처럼 보이게 된다고 한다. 이것이 묘한 점이다. 까마귀로 태어날 영혼에게는 까마귀 둥지가 대궐보다 더 아름답게 보이게 되고, 그래서 그 대궐 같은 까마귀 둥지로 들어가 까마귀 새끼로 태어나고 만다. 스스로가 지은 업의 에너지가 맞는 사이클을 찾아 파고

드는 것이다.

이것이 바로 무명업력(無明業力)이다. 있는 그대로를 보지 못하는 어두운 업의 힘이다. 이 업의 장벽에 가리어 까마귀 둥지를 까마귀 둥지로 보지 못하고, 뱀의 몸을 뱀으로 보지 못하는 것이다.

그렇다면 이렇듯 깜깜한 무명(無明)을 제거하여 있는 그대로를 보게 할 수 있는 방법은 없는가? 분명히 있다. 그리고 그 방법은 크게 두 가지로 나누어 볼 수 있는데, 하나는 살아생전에 스스로 닦아 익힌 수행의 힘이요, 다른 하나는 49재 등의 타력적(他力的)인 천도의식을 통한 구원이다.

살아생전에 불경을 공부하고 참선·염불 등의 수행을 많이 한 사람은 죽은 후에도 미혹에 휩싸이지 않는다. 그러므로 모든 것을 있는 그대로 보아 스스로가 꼭 태어나야 할 곳에 태어나게 되는 것이다.

그리고 열심히 수행하지 않았더라도 부처님의 한 구절 가르침, 예를 들어 『금강경』 사구게(四句偈) 한 구절이라도 마음에 깊이 새겨 좌우명으로 삼는 이라면 악도(惡道)에 떨어지지 않게 된다.

❀

옛날, 공부한 것이라고는 『금강경』 사구게 한 구절밖에 없는 스님이 평생토록 욕심을 부리다가 죽었다. 그 스님의 영혼은 이곳 저곳을 헤매 돌아다니다가 대궐보다 더 화려해 보이는 까마귀 둥지가 너무나 좋게 보여 그곳에 들어가서 머물고자 하였다. 그때 허공에서 우뢰와 같은 소리가 들려왔다.

　무릇 모양 있는 것은
모두가 허망한 것이다
만약 모양 있는 것이 모양 아닌 줄 알면
곧바로 부처님을 보리라
　　凡所有相　皆是虛妄
　　若見諸相非相　卽見如來

"그대가 평소에 이 게송 하나만은 부지런히 외었거늘, 어찌 까마귀 둥지를 대궐보다 더 좋게 보고 들어가려 하느냐? 눈을 떠라. 눈을 떠라. 한번 그곳에 빠져들면 영원히 헤어나기 힘드느니라."

　그 소리를 듣고 스님은 까마귀 둥지를 벗

어나 새롭게 발심하고 불법을 잘 닦을 수 있는 인연처를 찾아 태어났다고 한다.

§

그리고 우리 불가(佛家)에서 몇 년마다 윤달이 드는 해에 베푸는 예수재(豫修齋)도 같은 의도에서 마련된 의식이다. 사후세계를 위하여 미리 닦는 예수재. 이 예수재 때 수행을 잘하게 되면 그 공덕이 밑거름이 되어 능히 좋은 인연처로 나아갈 수 있게 되는 것이다.

하지만 예수재는 이름 그대로 '미리 닦는 것'이다. 단순히 몇 푼의 돈을 내고 형식적으로 이 절 저 절을 찾아다녀서는 아무런 보탬이 되지 않는다. 참으로 그 이름에 걸맞는 '예수재'가 되게 하기 위해서는 우리의 마음에 선심(善心)을 심고 부처님의 가르침을 담아 내생까지도 구제할 수 있는 불연(佛緣)을 맺어야 하는 것이다.

부처님께서 예수재를 마련한 참 뜻이 우리가 죽음을 생각하고 깨달음의 씨를 심도록 인도하기 위함에 있다는 것을 예수재에 참여하는 우리는 결코 잊지 말아야 한다.

만약에 우리가 부처님의 가르침을 따라 참된 원을 심고 깨달음을 이루는 공부를 배워 익힌다면, 어찌 죽음을 두려워하고 생사 윤회를 두려워하겠는가? 오히려 죽음을 옷을 갈아입듯이 담담하게 받아들이고 내생을 새로운 희망으로, 정진의 터전으로 받아들일 수 있게 될 것이다.

이러한 마음가짐만 가지고 수행하면 자

기 영혼은 능히 스스로 천도할 수 있게 된다. 이것이 바로 자력천도(自力薦度)인 것이다.

또 하나의 방법인 타력천도(他力薦度)는 다른 사람이 죽은 자로 하여금 좋은 인연처로 나아갈 수 있도록 빛을 비추어 주는 것이다. 그러나 이것은 단순한 의식이 아니다. 바로 망자의 마음을 바꾸는 법문이다.

망자가 살아생전에 탐욕과 성냄과 어리석음 속에서 한평생을 보냈으니, 죽었다 하여 어찌 그 마음이 바뀌겠는가? 자연 그 마음은 어둡지 않을 수가 없고, 바로 그러한 마음을 밝혀주기 위해 행하는 것이 공양·독경·염불·법문 등으로 구성되어 있는 재의식(齋儀式)인 것이다.

살아 있는 사람이 마음을 고쳐서 새 사람

이 되듯이, 영가도 염불과 법문을 듣고 마음을 바꾸어 참회하면 깨달음의 세계로 나아갈 수 있게 되는 것이다.

아울러 우리는 재를 지낼 때 준비하는 음식이나 법공양(法供養)을 하는 책에 대해 다시 한 번 생각해 볼 필요가 있다.

일반적으로 재를 지낼 때 충분한 음식을 마련하여 베푸는 것은 망인으로 하여금 재시(財施)의 공덕을 쌓도록 하는 것이고, 각종 불교서적을 법공양하는 것은 법시(法施)의 공덕을 쌓도록 하는 것이다. 따라서 이때의 법공양은 특히 의미가 있도록 행하여야 한다.

곧 법공양은 망인을 대신하여 법문을 베푸는 것이므로, 그 책을 받아 읽는 사람이 불교의 진리를 잘 이해하여 발심을 할 수 있도록 이끌어주어야 한다. 곧 최상의 공덕인 발보리심(發菩提心)을 이룰 수 있도록 하는 책을 선정하여 법공양을 하는 것이 가장 바람직한 길인 것이다. 요즘 같은 시대에 어려운 한문 경전이나 난해한 불경을 준다한들 누가 그것을 이해할 수 있겠는가?

그러므로 법공양 책을 선택하는 스님이나 가족들도 꼭 어려운 불경만을 고집할 것이 아니라, 부처님의 가르침을 쉽게 전할 수 있고 인생과 수행에 도움을 줄 수 있는 불서를 채택한다면 그보다 더 좋은 것이 없을 것이다.

내가 이것을 굳이 강조하는 까닭은 법공양한 책을 읽은 이들이 발심할 때라야만 그 공덕이 망인에게 참된 도움을 줄 수 있고 밝음을 가져다 줄 수 있기 때문이다. 부디 법공양을 하는 스님·가족·친지들은 이 사실을 잊지 말기 바란다.

영가와 통하는 것은 마음과 마음

이제 재를 지내거나 독경·염불하는 이의 마음가짐에 대해 이야기해 보자.

영가를 천도할 때는 의식을 집전하는 스님이나 가족 할 것 없이 매우 조심할 점이 하나 있다. 그것은 반드시 마음을 하나로 모아 천도를 하라는 것이다.

앞의 해인사 학승 이야기에서도 살펴보았듯이, 입으로만 염불을 하고 마음으로는 딴 생각을 품고 있으면 결코 천도가 되지 못한다. 한 스님은 요령을 흔들면서『제경행상』이라는 책을 생각했고, 한 스님은 목탁을 두드리면서 '은행나무 바리때'를 탐하였다. 결국 영혼은 염불 한마디 듣지 못하고 엉뚱한 소리만 들었던 것이다.

곧 영가는 우리의 말이나 행동을 읽는 것이 아니라 마음을 읽는다. 영가와는 마음과 마음, 생각과 생각으로 서로 통할 뿐이다. 이것을 명심해야 한다.

'염불보다는 잿밥'이 되어서는 절대로 올바른 천도가 될 수 없다. 오직 마음을 모아 지극히 염불을 할 때 영가에게 참된 깨우

침을 줄 수 있는 것이다.

한 가지 사항을 더 부언한다면 영가 천도를 위한 관음시식(觀音施食) 중, 4다라니(四陀羅尼)를 외울 때는 특히 관(觀)을 잘해야 한다는 것이다. 4다라니는 변식진언(變食眞言)·시감로수진언(施甘露水眞言)·일자수륜관진언(一字水輪觀眞言)·유해진언(乳海眞言)의 넷으로 이루어져 있다.

먼저 변식진언을 세 번 외움에 있어, 첫 번째는 밥 한 그릇이 일곱 그릇으로 변하는 것을 관하고, 두 번째는 일곱 그릇이 마흔아홉 그릇으로 변하는 것을 관해야 하며, 세 번째는 수없이 많은 공양물로 변하는 것을 마음속으로 관해야 한다.

감로수진언을 외울 때도 마찬가지이다.

옛말에 "하늘 사람은 물을 유리 궁전으로 보고, 사람은 물로 본다. 고기는 물속에 살면서도 물을 보지 못하고, 귀신은 물을 불로 본다[天見琉璃人見水 魚不見水鬼見火]"고 하였다. 이와 같이 귀신은 물을 불로 보기 때문에 감로수를 준다고 생각하면서 감로수 진언을 외워주어야만 물을 마실 수 있다고 한다.

실로 변식을 이루어내고 감로수를 마실 수 있게 하는 것은 주문의 힘·관상력(觀想力)·삼보(三寶)의 신력(神力), 이 셋으로 말미암아 이루어지는 것이다. 그러므로 4다라니를 할 때는 반드시 마음으로 관(觀)해야 한다.

흔히들 기도나 영가 천도는 백 명이 하는

것보다 도력 있는 스님 한 분이 하는 것이 낫다고 말하는 것도 도력 있는 스님의 관상력이 그만큼 뛰어나기 때문이다. 그러므로 도력이 있는 스님은 의식문이나 진언을 외우지 않고 가만히 관을 하고 앉아 영가에게 곧바로 설법을 하는 것이다.

명심하라. 영가는 마음으로 통하는 존재이다. 내 마음을 그릇되게 가질 때 영가는 천도가 되지 않는다. 잡된 생각을 비우고 마음을 하나로 모으는 것. 이것이 영가 천도의 가장 요긴한 비결이라는 것을 잊어서는 안 된다.

이제 여기까지 읽은 재가신도들은 이러한 의문을 가질 수도 있을 것이다.

"관을 통한 천도나 49재 등의 전문적인

천도법을 보통 사람이 할 수 있는 것은 아니다. 일반인이 쉽게 할 수 있는 천도법은 없을까?"

그렇다. 복잡하고 전문적인 천도법은 작법(作法)을 제대로 익힌 스님들께 의뢰하면 된다. 그리고 재가인들은 자기의 형편과 능력에 맞는 방법으로 앞서간 부모나 친척·친구 등을 천도해주면 된다. 오직 내 진실한 마음만이 가까운 이의 영혼을 좋은 세상으로 인도해줄 수 있다는 것을 명심하면서….

이제 누구나 쉽게 할 수 있는 천도법에 대해 함께 살펴보도록 하자.

광명진언
옴 아모가 바이로차나 마하무드라
마니 파드마 즈바라 프라바를타야 훔

2. 광명진언을 외우며

생활 속의 천도법

우리 불자들이 일상생활을 하면서 쉽게 할 수 있는 천도법에는 여러 가지가 있다.

가장 널리 알려져 있는 방법은 '나무아미타불'을 외우는 일이다. 죽은 이가 무량한 수명과 무량한 빛의 부처님인 아미타불께 의지하여 극락왕생하기를 기원하는 것이다. 이 '나무아미타불'을 외울 때, 극락의 모습과 아미타불의 거룩한 뜻을 담아놓은 『아미타경』을 같이 읽으면 더욱 좋다.

또 '지장보살'을 부르는 방법도 있다. "모든 중생을 남김없이 해탈시킨 다음 부처가 되겠다"고 맹세한 지장보살의 원력(願力)에 의지하는 것이다. 실제로 지장보살은 염라대왕을 비롯한 명부(冥府)의 10대왕이 심판을 할 때 심판을 받는 이의 옆에 서서 해탈법문을 설해주고, 또 염라대왕에게 좋은 판결을 내려줄 것을 부탁한다고 한다.

이밖에도 『지장경』·『금강경』·『법화경』·『부모은중경』 등의 불경을 읽어주면서 영가의 극락왕생을 기원하는 방법도 있다.

앞에서도 이야기하였지만 역시 이 경우에도 경을 입으로만 외워서는 안 된다. 스스로 뜻을 해득하여 한 구절 한 구절을 마음으로 새기면서 읽어야 한다. 경을 읽어 주는 것은 곧 설법을 하는 것인데, 읽는 사람이 뜻도 모르고 읽는다면 어떻게 죽은 이의 영혼이 알아듣고 이해할 수 있겠는가?

이밖에도 다라니를 외우거나 사경(寫經)을 하거나 영가에게 보살계(菩薩戒)를 주는 등의 여러 가지 천도 방법이 있지만, 나의 경험으로는 사람들에게 일러주어 가장 빨리, 그리고 크게 효험을 본 것으로 광명진언 천도법을 꼽을 수 있다. 광명진언(光明眞言)은 29글자로 이루어진 매우 짧은 진언이다.

**옴 아모가 바이로차나 마하무드라
마니 파드마 즈바라 프라바를타야 훔**

이 진언은 부처님의 한량없는 자비와 지혜의 힘으로 새로운 태어남을 얻게 하는 신령스러운 힘을 지니고 있다. 아무리 깊은 죄업과 짙은 어두움이 마음을 덮고 있을지라도 부처님의 광명 속에 들어가면 저절로 맑아지고 깨어나게 된다는 것이 이 진언을 외워 영험을 얻는 원리이다.

일찍이 신라의 고승 원효대사(元曉大師)는 그의 저서인 『유심안락도 遊心安樂道』에서 이 진언의 공덕을 크게 강조하셨다.

만일 중생이 이 진언을 두 번이나 세 번, 또는 일곱 번을 귀로 듣기만 하여도 모든 죄업이 없어지게 된다. 또 중생이 십악(十惡)과 오역죄(五逆罪)와 사중죄(四

重罪)를 지어 죽은 다음 악도에 떨어질지라도 이 진언을 외우면 능히 해탈을 얻을 수 있다. 특히 그릇에 흙이나 모래를 담아놓고 이 진언을 108번 외워 그 모래를 시신 위에 흘거나 묘지 또는 묘탑(墓塔) 위에 흘어주면 비로자나부처님의 광명이 망인에게 이르러 모든 죄업을 소멸시켜 줄 뿐 아니라, 서방 극락세계의 연화대로 인도하게 된다.

……

비록 남이 지은 공덕을 자기가 받는 이치는 없다고 하지만, 인연만 있으면 생각하기 어려운 힘을 일으킬 수가 있다. 그러므로 진언을 외우고 모래를 뿌려보라. 곧 새로운 인연이 맺어질 것이다.

......

모래를 묘 위에 흩는 것만으로도 극락왕생하거늘, 하물며 진언으로 옷을 지어 입고 소리를 내어 외우면 어떠하겠는가? 모래를 흩는 공덕보다 진언을 외우는 공덕이 더 수승함은 말할 것도 없다.

실제로 원효대사께서는 항상 가지고 다니던 바가지에 강변의 깨끗한 모래를 담아 광명진언을 108번 외운 다음, 그 모래를 묘지나 시신 위에 뿌려 영가를 천도했다고 한다.

우리 불자들도 성묘 또는 묘사를 지내러 갈 때 이러한 모래를 준비하여 조상들의 묘 위에 뿌려줌이 좋으리라. 그리고 집안에 상(喪)을 당했을 때, 절에서 49재를 지냄과 동시에 그 49일 동안 집안에서 매일 광명진언을 외워주면 매우 좋다.

많은 시간을 할애하지 않아도 좋다. 향 한 자루가 타는 30분 또는 1시간이면 족하다. 망인(亡人)의 사진 앞에 앉아 입으로는 광명진언을 외우고 마음으로는 극락왕생을 기원하면 된다. 틀림없이 크나큰 영험이 있을 것이니, 상주가 된 불자들은 적극 실천해 보기를 당부 드린다.

영가의 장애가 있을 때도 광명진언

광명진언은 망인의 천도뿐만 아니라, 영

가의 장애가 있어 원활한 삶을 이루지 못할 때 외워도 큰 효험을 볼 수가 있다.

사람들은 불행이 닥칠 때 흔히들 조상을 탓한다. "조상도 무심하다"는 것이다. 그런데 이 말 뒤에는 부모·친척·조상 등의 영혼이 나를 돕지 않는다는 뜻이 숨겨져 있다.

바꾸어 말하면 영가의 장애로 말미암아 꼭 이루어져야 할 일이 시원스럽게 풀리지 않고 더욱 꼬이기만 한다는 것이다. 그리고 병이 들어 병원을 가도 병명조차 밝히지 못하게 되면 영가의 장애라고 하는 경우가 많다.

답답한 마음에 점쟁이를 찾아가면 제삿밥을 받아먹지 못하는 죽은 조상 등을 들먹이며 굿을 할 것을 강요하는 경우가 많다.

물론 영가의 장애가 없는 것은 아니다. 아니, 어떤 사람에게는 틀림없이 영가의 장애가 있다. 특히 꿈 가운데 영가가 자주 보이게 되면 영가 장애의 신호로 보아도 거의 틀리지 않는다.

하지만 삶의 어려움이나 영가의 장애가 찾아든다고 하여 굿을 하는 등의 미신(迷信)에 빠져서는 안 된다. 미신은 다른 것이 아니다. 자기의 바른 마음에 대한 믿음을 잃어버리고 엉뚱한 힘에 끌려가게 되면 그것이 미신이다.

특히 부처님의 법을 따르는 불자들은 부처님께서 우리를 위해 마련해놓은 적절한 방법으로 현재의 어려움을 해결해 나가면 되는 것이다.

만약 지금 '나'에게 영가의 장애가 있다면 광명진언을 외워보라. 삼칠일[21일]을 기한으로 삼고 매일 밤 향 하나를 피워놓고 30분씩만 광명진언을 외우면 모든 장애는 저절로 풀어진다. 장애가 풀어질 뿐만 아니라, 오히려 지금까지 방해를 하던 영가가 우리를 도와주기까지 한다.

나는 40여 년 동안 영가의 장애로 고생하는 많은 사람들에게 이 광명진언법을 일러주었고, 그 결과 광명진언을 외운 모든 사람들이 하나같이 가피를 입는 것을 볼 수 있었다. 그 중 두 가지 경우만 함께 살펴보자.

내가 이 광명진언을 한 신도에게 처음 일러준 것은 나이 30세 무렵, 태백산 도솔암에서 홀로 6년 정진을 하고 있을 때였다.

　1958년 볕이 따스한 5월의 어느 날, 피골이 상접하고 얼굴이 백짓장처럼 핏기가 없는 한 보살이 두 여인의 부축을 받고 간신히 도솔암으로 올라와서 하소연을 하였다.

　"스님, 저를 좀 살려주십시오."

　"왜 그러십니까?"

　보살은 자신의 애타는 사연을 풀어놓았다.

　처녀 시절, 제법 어여쁜 미모를 지녔던 그녀는 한 총각에 대해 연민의 정을 가졌고, 그 총각도 그녀에게 사랑의 마음을 갖고 있었다. 그러나 그들은 서로의 마음을 털어놓지 못한 채, 부모가 정해주는 사람에게로 장가를 가고 시집을 가게 되었다. 그런데 채

10년도 되지 않아서 그녀의 남편은 물론 그 남자의 부인도 죽고 말았다.

결혼하기 전부터 서로 마음을 두었던 그들은 홀아비와 과부로 새롭게 만나 자연스럽게 결합하여 결혼식을 올렸다. 새 남편이 전처 소생의 아이 둘을 데려오기는 하였지만, 자신의 아이가 없었던 그녀는 정성껏 남편과 아이들을 돌보면서 행복하게 살고 있었다. 그렇게 1년가량을 살았을 무렵, 그녀의 꿈에 남편의 전처가 나타나서 치하를 하는 것이었다.

"내가 낳은 자식을 키우느라고 고생이 많네. 아이들의 성질이 사납고 까다로운데 자네가 와서 잘 키워주니…. 어쨌든 고맙네."

처음 이렇게 찾아온 전처는 그 후 매일 밤

꿈에 나타나서 몸을 쓰다듬으며 말을 하였다.

"네가 욕보는 줄 내가 잘 알고 있네. 욕보는 줄 알고 있어…."

그런데 잠에서 깨어나면 전처가 꿈속에서 쓰다듬었던 자리가 그렇게 아플 수가 없었다. 그것도 하루 이틀이 아니라 매일같이 계속되자 그녀의 몸은 몽둥이찜질을 당한 것과 같이 되고 말았다. 마침내 신경이 날카로워진 그녀는 꿈속에서 전처에게 말대꾸를 하기 시작했다.

"내가 욕보는 줄 알면 그만이지, 왜 자꾸 찾아와서 귀찮게 구는 거야?"

"왜 신경질을 부리고 그러냐? 후처로 들어온 주제에!"

이렇게 말다툼으로 시작된 것이 마침내

는 매일 밤 꿈에서의 계속된 싸움으로 이어졌다. 귀신을 상대로 하여 비방하고 헛된 소리를 하며 밤마다 잠을 설치기를 1년, 마침내 그녀는 피골이 상접하여 죽지 못해 사는 사람이 되고 말았다. 그때 마을의 이웃 아낙네들이 "태백산에 공부를 아주 열심히 하는 스님이 있으니 찾아가 보자"고 해서 부축을 받으며 30리 길을 걸어 왔다는 것이었다.

'어떻게 하는 것이 좋을까?'

궁리하던 나는 원효대사의 『유심안락도』에 기록된 말씀이 생각이 나서 광명진언을 적어주고 단단히 일렀다.

"이 광명진언을 부지런히 외우면서 마음으로 '그분에게 지혜의 광명을 주옵소서'

하고 기원하십시오. 그분은 지혜가 어두워 죽어서까지 이 세상에 대한 애착을 놓지 못하는 불쌍한 존재입니다. 부디 미워하지 말고 그분에게 지혜가 생기도록 부지런히 광명진언을 외워 주십시오."

"예, 꼭 스님 말씀대로 하겠습니다."

그로부터 한 달 뒤, 그녀는 제법 살도 찌고 혈색이 도는 얼굴로 과자 한 보따리를 싸가지고 와서 이야기를 하였다.

"광명진언을 외우기 시작하자 죽은 전처가 문턱까지 와서는 들여다보고 가고, 문턱까지 와서 보고 가기를 며칠 동안 하더니, 이제는 꿈에 나타나지 않습니다. 스님 덕분에 저는 살았습니다."

그때 나는 광명진언에 대한 깊은 믿음과 자신감이 생겼다. 그리고 갖은 고초를 당하였던 한 여교사의 경우는 광명진언의 큰 힘을 새삼 일깨워주기까지 하였다.

❁

1974년 가을, 마흔이 갓 넘은 혼자 사는 여교사가 해인사 지족암으로 나를 찾아왔다. 물론 그녀는 독신주의자도 아니었고 마음에 드는 남자가 없었던 것도 아니었다. 하지만 그녀는 자기의 인생을 자기의 의지로 살아갈 수가 없었다. 그 시작은 다시 20년 남짓 거슬러 올라간다.

나이 스물셋에 막 대학을 졸업한 그녀는 8개 국어에 능통하고 서울대학교를 수석으로 졸업한 청년과의 결혼을 앞두고 있었다.

한창 행복감에 겨워 결혼 준비를 서두르고 있던 어느 날, 신랑 될 청년이 그녀의 집으로 오기 위해 대구 북비산 옆의 횡단보도를 건너다가 차에 치어 즉사하고 말았다.

그런데 정말 묘하게도, 그 남자가 죽은 지 꼭 만 1년이 되던 날, 바로 그 장소에서 그녀의 남동생도 차에 치어 즉사하고 만 것이다.

1년 사이에 사랑하는 두 남자를 한 장소에서 잃어버린 그녀에게 이 세상은 그야말로 지옥이었다. 애인과 남동생 생각만 하면 가슴이 답답해짐을 느끼다가, 마침내는 가슴이 빠개지고 쫙 벌어지는 듯한 아픔을 느껴야 했다. 그런데 병원을 찾아가면 "별 이상 없다"는 말뿐이었다.

다소나마 자신의 아픔을 진정시키려면

산으로 올라가 미친 듯이 소리를 질러야만 했다. 학교를 쉬는 날이면 어김없이 이 산 저 산을 찾아가다보니 전국에 안 가본 산이 거의 없을 지경이었다.

그런 중에도 아름다운 미모를 가진 그녀였으므로 많은 남자들로부터 청혼을 받게 되었다.

'이렇게 살면 무엇 하나? 나도 결혼을 하여 안정을 찾아야지.'

그런데 막상 결혼을 하기로 작정을 하면 뜻하지 않는 일이 일어나서 항상 어긋나버리는 것이었다. 그것도 한두 번이 아니라 수십 번도 더 계속되었다.

10여 년을 이렇게 지낸 그녀는 살아 있는 것 자체가 고통스러웠다. 답답한 가슴을 부여잡고 설악산을 찾았던 어느 날, 그녀는 생각하였다.

'내 전생에 무슨 몹쓸 죄를 지었길래 잘 살아 보려고 해도 안 되고 제멋대로 사는 것도 되지 않는 것인가? 더 이상은 견딜 수 없다. 차라리 죽어버리자.'

그녀는 양폭산장 가까이에 있는 높이 수십 미터의 폭포 위로 올라가서 배낭을 맨 채 뛰어내렸다. 하지만 죽기는커녕 다친 곳 하나 없었다. 오직 엉덩이 부분만 약간 얼얼할 뿐이었다.

'아마 산에서는 죽을 팔자가 아닌가 보다. 그렇다면 내일 바다에 가서 죽으리라.'

이렇게 생각하고 여관을 찾아가서 잠을 자는데, 꿈에 정체를 알 수 없는 남자 네 명이 그녀의 사지를 한쪽씩 잡고 정신없이 흔들어 대는 이상한 꿈을 꾸었다. 그러나 그녀는 그다지 개의치 않고 날이 밝자 곧바로 낙산사 홍련암 옆의 바위 위로 올라가서 시퍼런 동해 바닷물 속으로 몸을 날렸다. 그녀는 몇 모금의 바닷물을 마시다가 완전히 의식을 잃고 말았다.

그런데 조금 지나자 극심한 요동이 느껴졌고, 억지로 눈을 떠보니 어젯밤의 꿈처럼 네 사람의 남자가 물을 토하게 하기 위해 자신의 몸을 거꾸로 들고 흔들어 대고 있었다. 인근 마을의 어부인 그들이 때마침 고기잡이배를 저어 가다가 바다 속으로 뛰어드는 그녀를 보고 구조를 한 것이었다.

하지만 그녀는 죽음을 포기하지 않았다.

오히려 '죽는 것도 마음대로 안 된다'는 사실에 울화가 치밀어 올랐다.

집으로 돌아온 그녀는 이 약국 저 약국을 돌면서 수면제를 사 모았고, 약 2백 알이 모이자 한꺼번에 몽땅 삼킨 다음 이불 위에 반듯하게 누워 숨이 끊어지기를 기다렸다. 그런데 졸음은커녕 갑자기 배가 크게 뒤틀리더니 속에 있는 똥물까지 다 토하고 말았다.

그 후에도 두 차례 더 자살을 기도하였지만 그녀의 뜻대로 되지 않았고, 우연히 태백산으로 등산을 갔다가 나를 한번 찾아가보라는 말을 듣고 오게 되었다는 것이다.

여기까지 이야기를 들은 나는 그녀에게 영가의 세계와 영가의 장애에 대해 간략히 일러주고, 두 남자를 위해 광명진언을 외울 것을 권하였다.

"죽은 두 남자의 영혼이 좋은 곳으로 가지 못하고 귀신이 되어 장애를 만들고 있는 것이니, 삼칠일 동안 광명진언을 외우면서 기도해 보시오. 낮 동안은 편안한 마음으로 직장생활을 하고, 저녁에 집으로 돌아와서 깨끗이 몸을 씻고 향 하나가 다 탈 동안만이라도 지극히 외워보십시오. 그리고 두 사람의 이름을 되뇌이며 극락왕생을 기원하면 두 영가 또한 더 이상 이 세상에 집착하지 않고 좋은 곳으로 떠나갈 것입니다. 그리고 삼칠일 기도가 끝나면 손수 찬을 마련하여 이곳에 와서 두 사람을 위한 제사를 한번 지내주도록 하십시오. 염불은 내가 해 줄 테니…."

그녀는 내가 주는 향 한 묶음을 받아 집으로 갔다가 삼칠일이 지난 다음 지족암으로 다시 찾아왔다.

"스님, 삼칠일 기도가 끝나는 날, 저는 식은 땀을 비 오듯 흘리며 꿈을 꾸었습니다. 어디에서 나타났는지 큰 뱀 두 마리가 나의 팔을 하나씩 칭칭 감고 양쪽으로 잡아당기는데, 닭 가슴이 벌어지듯 저의 가슴이 '쩍' 하고 벌어지는 것이었습니다. 순간 저는 제 가슴이 그토록 아팠던 까닭을 깨달을 수 있었습니다."

하지만 그녀는 그 뱀들을 어떻게 할 수가 없었다. 오히려 두려운 생각에 끊임없이 '살려 달라'고 소리쳤다. 그때 머리를 박박

깎은 양복차림의 사람이 나타나더니, 정육점에서 고기를 찍을 때 사용하는 갈고리로 뱀의 머리를 콕콕 찍어 밖으로 내던지는 것이었다. 그러자 한 마리는 그 자리에서 죽어 버리고 한 마리는 조그마한 새끼 뱀으로 변하여 사라져버렸다.

꿈에서 깨어나자 그토록 오랫동안 자신을 괴롭혔던 가슴의 통증은 씻은 듯이 사라졌다고 한다.

그녀와 나는 준비해 온 음식으로 두 남자를 위한 제사를 지내주었고, 그녀는 그 뒤 훌륭한 불자요 훌륭한 선생님으로 열심히 살아가고 있다.

영가도 중생이다

이상의 두 이야기를 통해 느낄 수 있듯이 광명진언의 묘한 힘은 참으로 불가사의한 것이다. 그렇지만 이 진언의 위력 못지 않게 우리의 마음가짐 또한 중요하다. 곧 어떠한 경우라도 영가를 쫓아내려고 생각해서는 안 된다.

서양의 종교나 무속에서는 영가의 장애가 생기면 이를 악마의 장난 또는 삿된 영혼으로 인정하고 무조건 쫓아내려고 한다.

하지만 우리 불교에서는 다르다. 영가는 추방당해야 할 존재가 아니라 구제를 해주어야 할 또 하나의 중생이다. 도리어 장애를 일으키는 영가일수록 제가 안착해야 할 세계로 가지 못하고 떠돌아다니는 불쌍한 중생인 것이다.

그러므로 절대로 귀신을 추방하겠다는 자세로 천도를 하지 말아야 한다. 천도(薦度)는 말 그대로 피안[度]으로 나아가도록 인도하는 것이다. 피안의 세계로 인도하는 것과 쫓아내는 것은 그 의미가 너무나 다른 것이다. 영가를 추방의 대상으로 보아서는 제도는커녕 싸움만 일어나게 된다.

우리는 영가의 세계를 달리 보지 말아야 한다. 사람과 사람들이 이 세상에서 인정을 나누듯이, 영가에게도 정을 쏟고 마음을 주면 되는 것이다. 피안의 세계로 인도하고자 하는 자비심으로 대하면 그릇된 일이 어찌 일어나겠는가? 더욱이 광명진언과 같은 불가사의한 힘이 함께 하고 있으니….

만약 선대 조상이나 가족·친족·친구 중에서 마음에 걸리는 이가 있다면 삼칠일의 기간을 정하여 광명진언을 외우며 기도해주도록 하자. 그리고 유산이나 낙태 등으로 인해 마음이 편안하지 않다면, '나'와 인연이 닿지 않은 그 영(靈)을 위해서도 삼칠일의 기도를 해주는 것이 좋다.

부디 명심하라. 귀신의 세계는 인간의 세계와 크게 다를 것이 없다. 이 모두가 마음과 마음으로 통하고 정으로 통할 수 있기 때문에, 광명진언이나 부처님의 경전을 읽어주면서 망인의 이름으로 공덕을 쌓도록 해주고 축원을 해주면 반드시 천도, 곧 피안의 세계로 나아갈 수 있게 되는 것이다.

우리 모두 참된 불자답게 천도를 할 일이 있으면 법에 맞게 천도를 하자. 그렇게 할 때 이 세상은 맑아지고 밝아진다. 법다운 천도야말로 영가만이 아니라 우리 모두를 피안의 세계로 나아갈 수 있게 하는 것임을 잊지 말아야 하리라.

> **광명진언**
> 옴 아모가 바이로차나 마하무드라
> 마니 파드마 즈바라 프라바를타야 훔

Ⅱ
광명진언의 의미와 기도법

김현준

1. 광명진언이란?

광 명 진 언
옴 아모가 바이로차나 마하무드라
마니 파드마 즈바라 프라바를타야 훔

광명진언은 비로자나불의 진언이요 모든 불보살님의 총주(總呪)이며 부처님의 한량없는 자비와 지혜의 대광명으로, 살아 있는 이와 죽은 이 모두에게 새로운 태어남을 얻게 하는 신령한 힘을 지니고 있습니다.
　수백만 년 동안 어둠에 휩싸여 있던 암굴

(暗窟)일지라도 불을 밝히면 한순간에 모든 어둠이 사라지고 밝음이 깃드는 것과 같이, 아무리 깊은 죄업(罪業)과 어둠이 마음을 덮고 있을지라도 부처님의 광명이 비치면 저절로 맑아지고 밝아지고 깨어나게 된다는 것이 이 진언을 외워 영험을 얻는 원리입니다.

앞의 〈영가천도기도법〉에서 우리는 신라의 고승인 원효대사께서 『유심안락도 遊心安樂道』를 통하여 강조하신 광명진언의 세 가지 공덕을 살펴보았습니다.

① 만일 중생이 이 진언을 두 번이나 세 번, 또는 일곱 번을 귀로 듣기만 하여도 죄업이 소멸된다는 것.

② 중생이 십악(十惡)과 오역죄(五逆罪)와 사중죄(四重罪) 등의 무거운 죄를 지어서 죽은 다음 악도에 떨어질지라도, 이 진언을 외우면 능히 해탈을 얻을 수 있다는 것.

③ 그릇에 흙이나 모래를 담아놓고 이 진언을 108번 외워 그 모래를 시신 위에 흩거나 묘지 또는 묘탑(墓塔) 위에 흩어주면 비로자나부처님의 광명이 망인에게 이르러 모든 죄업을 소멸시켜 줄 뿐 아니라 서방 극락세계의 연화대로 인도하게 된다는 것.

또 일타스님께서는 강조하셨습니다.

① 우리 불자들도 성묘 또는 묘사를 지내러 갈 때 광명진언을 108번 외운 모래를 준비하여

조상들의 묘 위에 뿌려주자.

② 집안에서 상(喪)을 당하였을 때, 절에서 49재를 지냄과 동시에 그 49일 동안 집에서 망인(亡人)의 사진을 앞에 놓고 앉아 매일 광명진언을 외워주자.

이상은 광명진언을 망인과 관련지어 이야기 한 것입니다. 따라서 광명진언을 '망인을 위한 진언'으로만 생각하는 이들이 많습니다. 하지만 아닙니다. 원래 광명진언이 수록되어 있는『불공견삭신변진언경 不空羂索神變眞言經』이나『불공견삭비로자나불대관정경 不空羂索毘盧遮那佛大灌頂經』을 살펴보면, 살아 있는 사람에게도 광명진언의 영험이 매우 크다는 것을 알 수 있습니다.

먼저 보통사람이 이 진언을 외우면 다생다겁의 업장(業障)을 소멸하여 지혜를 얻고 자유 자재함을 얻으며, 장수는 물론 행복한 삶을 영위하게 된다고 합니다.

『불공견삭비로자나불대관정경』에서는 다음과 같이 설하고 있습니다.

광명진언을 외우면
① 일체 악귀와 악령이 사라지고
② 맹수와 독사가 침범치 못하며
③ 벼락이나 살귀가 침노하지 못하고
④ 삼세의 업장이 소멸되며
⑤ 칠대 선망조상들까지 이고득락하고
⑥ 각종 마(魔)가 해를 끼치지 못하고
⑦ 백천재앙이 이르지 못하며

⑧ 일만 소원이 다 풀리고
⑨ 천만 소원이 다 이루어지며
⑩ 여의광명의 본색이 다 발현된다.

또 역대의 큰스님들은 광명진언을 다음과 같이 찬탄하였습니다.

"나에게 여의보주가 있으니 곧 광명진언이다"
— 일원대사

"나는 대우주의 둘도 없는 큰 보물인 광명진언을 가지고 있다."
— 해운대사

"나에게 복과 지혜를 불러들이는 미묘한 큰 보배가 하나 있으니 광명진언이다"
— 대명대사

"나에게 만사를 성취시켜주는 조화방망이가 있으니 광명진언이다."
— 도광대사

"나에게 하늘과 통하는 보인[天通寶印]이 있으니 광명진언이다."
― 언공대사

"나에게 복과 운을 마음대로 지어내는 기묘한 화수분(貨水盆)이 하나 있으니 광명진언이다."
― 천현대사

옛날 분들은 이상의 경전과 큰스님들의 가르침을 마음에 새겨 복락(福樂)을 구할 때뿐만이 아니라 혼인, 임신과 아기의 순산을 기원할 때, 가옥을 지을 때, 이사할 때, 여행할 때, 개업할 때 등에도 광명진언을 수백 수천 독씩 외워 영험을 보았습니다.

그리고 가족 사이에 불협화음이 잦고 애정이나 경제적인 문제 등에 시달릴 때에도 광명진언을 외워 가정의 평화와 경제적인 해결을 본 경우가 많습니다.

또 재난·시비·구설수에 빠지거나 악몽을 꾸었을 때, 부자가 되기를 원할 때, 아들을 얻고자 할 때에도 광명진언을 정성껏 외워 큰 효험을 보았다고 합니다.

특히 이 광명진언을 꾸준히 외우게 되면 세세생생 불국토에서 자유롭게 노닐 수가 있고, 연꽃처럼 청정한 삶을 누리며, 불변의 대금강심(大金剛心)을 얻을 뿐 아니라, 뒤로 물러남이 없는 불퇴전(不退轉)의 지위에 올라 대해탈법륜(大解脫法輪)을 능히 굴릴 수 있게 된다는 것입니다.

그러므로 우리는 알아야 합니다. 이 광명진언이 대참회의 진언인 동시에 대해탈의 진언이라는 것을! 광명진언을 통하여 부처님의 대지혜광명과 우리 본성의 참다운 광명을 발현시켜 업장의 어둠을 물리친다면, 그 자리가 곧 해탈과 행복의 불국토로 바뀌지 않을 수 없는 것입니다.

아울러 병든 사람이 광명진언을 직접 외우거나, 병든 이를 위해 이 광명진언을 외우면 능히 쾌차할 수가 있습니다.

또 수험생·고시생·취업준비생·사업가 등이 이 광명진언을 외우면 능히 앞길이 열리게 됩니다. 왜? 부처님의 자비광명이 '나'를 비춤과 동시에 우리의 앞을 밝게 비추어주고 있기 때문입니다.

한 치 앞도 분간할 수 없는 어둠 속의 길은 가기도 두렵고 위험도 많지만, 밝은 빛이 비추기만 하면 순식간에 모든 불안과 위험이 사라집니다. 왜? 밝은 빛으로 인해 앞이 잘 보이기 때문이요, 잘 보이는데 또렷한 앞길을 쉽게 나아가지 못할 까닭이 무엇이겠습니까?

또 한 가지 광명진언을 외워 크게 영험을 얻는 경우는 영가(靈駕)의 장애가 있을 때입니다. 영가의 장애가 있어 원활한 삶을 이루지 못할 때 광명진언을 외우면 큰 효험을 볼 수가 있습니다. 영가의 장애로 말미암아 뜻하는 바의 일들이 시원스럽게 풀리지 않고 더욱 꼬이기만 할 때 광명진언을 외우면 매우 좋습니다.

만약 지금의 '나'에게 영가의 장애가 있다면 삼칠일(21일)을 한 기한으로 삼아, 매일 자기 전에 향 하나를 피워놓고 삼십 분씩만 광명진언을 외워도 영가의 장애는 저절로 풀어집니다.

'부처님의 대자비와 대지혜로 영가를 천도해주겠다'는 마음가짐으로 광명진언을 외우면, 그 어떤 영가라도 좋은 곳에 가지 않을 수가 없습니다.

또 선대조상이나 돌아가신 가족·친족·친구들 가운데 마음에 걸리는 이가 있으면 삼칠일 정도의 기한을 정하여 광명진언 기도를 해주십시오. 그리고 유산·낙태 등으로 마음에 걸리는 경우에도, 인연이 닿지 않은 그 영(靈)을 위하여 광명진언 기도를 해주는 것이 좋습니다.

상을 당했을 때나 조상을 위해, 영가의 장애가 있을 때, 현실적인 고난의 해소나 앞날의 성취를 기원할 때, 나아가 업장을 소멸하고 깨달음을 이루고자 하는 불자라면 광명진언 기도를 꼭 한번 정성껏 해보십시오. 틀림없이 큰 가피가 임할 것입니다.

   그럼 어떤 식으로 기도를 할 것인가? 이제 광명진언의 의미와 함께 그 기도법을 살펴봅시다.

> **광명진언**
> 옴 아모가 바이로차나 마하무드라
> 마니 파드마 즈바라 프라바를타야 훔

2. 광명진언의 의미

　먼저 광명진언 각 글자 속에 담긴 의미를 풀어봅시다. 원래 진언의 뜻은 풀이하지 않는다고 하지만, 역사적으로 진언을 매우 중요시 했던 밀종(密宗)에서는 진언의 각 글자들을 풀이하였습니다. 왜냐하면 뜻을 잘 알아야 관(觀)을 하는데 도움이 되기 때문이요, 관이 잘 되어야 보다 빨리 성취를 할 수 있다는 이유에서였습니다.
　이 광명진언은 아홉 단어로 구성되어 있습니다.

① 옴   ② 아모가   ③ 바이로차나
④ 마하무드라   ⑤ 마니   ⑥ 파드마
⑦ 즈바라   ⑧ 프라바를타야   ⑨ 훔

이 아홉 단어가 모여 신령한 힘을 발현하는 것입니다. 그럼 이 한 단어 한 단어는 어떤 의미를 지니고 있는 것일까?

①옴(oṁ)은 대우주의 무한한 생명력·진리·불멸의 부처님께 귀명(歸命)하고 공양한다는 뜻입니다.

원래 '옴'은 'a+u+m+ㅡ'의 결합문자로서, 아(a)는 창조·출발·시작, 우(u)는 유지·존립, ㅁ(m)은 끝·소멸을 상징하고 있습니다. 곧 이 세상 모든 것의 시작과 존립과 소멸, 인생의 태어남과 살아감과 죽음 등을 '아+우+ㅁ'으로 나타낸 것입니다.

그럼 마지막의 장음표시인 'ー'은 무엇인가? 시작과 유지와 끝을 넘어선 진리 또는 영원한 본체를 뜻합니다. 말로는 표현할 수 없는 불생불멸(不生不滅)·불구부정(不垢不淨)·부증불감(不增不減)의 진리, 그리고 모든 부처님과 중생들의 근본 체(體)를 나타내주고 있는 것입니다.

이러한 까닭으로 옛부터 이 '옴'은 매우 신령스러운 주문으로 받들어졌습니다. 생겨나서 유지하다가 소멸되는 세간의 모든 흐름들과 그 흐름들을 넘어선 영원·완성·조화·통일·성취 등의 성스러운 본체에 귀명(歸命)한다는 뜻으로 '옴-'을 외웠던 것입니다.

② 아모가(amogha)는 '불공(不空)'으로 번역됩니다. '공이 아니다, 빈 것이 아니다' 는 뜻입니다.

공(空), 불교에서는 참으로 공을 많이 강조합니다. 공! 비워라. 무엇을 비우라는 것입니까? '나' 를 비우라는 것입니다. 무아(無我)가 되라는 것입니다. 왜 '나' 를 비우라는 것인가?

'나' 때문에, 참된 나를 모르는 어리석음[我癡], 나에 대한 사랑[我愛], 나의 교만[我慢], 나의 고집[我見] 때문에 모든 것의 있는 그대로를 보지 못할 뿐 아니라, 영원·완성·조화·통일·성취가 가득한 '옴—'의 자리와 하나가 되지 못한 채 괴롭고 덧없고 슬프고 비참하게 살아가기 때문입니다.

고무풍선을 예로 들어 조금 더 쉽게 풀어 보겠습니다.

우리가 사는 곳은 허공처럼 탁 트인 대우주법계입니다. 그런데 지금의 '나'는 어떻게 존재하고 있습니까? 허공에 떠 있는 고무풍선처럼 존재하고 있습니다. 자아(自我)의 고무풍선이 되어 살고 있는 것입니다.

내가 '나'로 삼고 있는 자아(自我)! 그 자아는 스스로가 '나'에 대한 사랑으로 정립한 '나'요, 주관과 망상과 어리석음으로 만든 '나'일 뿐입니다. 그런데도 우리는 그 거짓 자아 속에 갇혀 살고 있습니다. 그것은 마치 스스로가 불어 만든 특정한 형태의 고무풍선 속의 세계에서 살아가는 것과 같습니다.

과연 고무풍선 속의 세계가 자유롭습니까? 갇혀 있으니 자유롭지 못할 뿐 아니라 두렵고도 불안합니다. 조그마한 일에도 상처를 잘 입고, 혼자만의 공상과 망상이 많을 수밖에 없습니다. 하지만 그 풍선 속의 세계를 우리는 벗어나려 하지 않습니다.

풍선에 집착하여 '나'를 지키며 살고, 내 것을 고집하며 삽니다. '풍선이 나'라는 생각을 가지고 풍선 속에서 계속 고집을 부리고 욕심을 부리며 자아의 세계를 만들어가고 있습니다. 그리하여 풍선이 쪼그라들 때까지 바둥거리며 살다가 이 생을 하직하고,

업을 따라 다음 생에는 또 다른 풍선이 되어 살아가는 것입니다.

그런데 가만히 생각을 해보십시오. 풍선 안의 공기와 풍선 밖의 공기가 다른 것입니까? 풍선 안의 허공과 풍선 밖의 허공이 다른 것입니까? 아닙니다. 아니라는 것은 누구나 알 수 있을 것입니다.

그럼 풍선을 터뜨리면 어떻게 되는가? 터뜨리는 그 순간, 풍선 속의 허공은 그냥 그대로 풍선 밖의 허공과 하나가 됩니다. 그 자리에서 곧바로 대우주법계가 되는 것입니다. 이렇게 하나가 되어 본체를 회복하고 영원한 생명력을 얻게 되면, 답답함 없이 자유롭고 불안감 없이 평안하고 티 없이 맑은 본래의 삶을 회복하게 되는 것이니, 이것이

'아모가', 곧 불공의 자리입니다.

불공(不空)은 빈 것이 아니라 꽉 차 있다는 것입니다. 무엇이 꽉 차 있는가? 영원생명[常]·무한행복[樂]·무애자재[我]·청정무구[淨]로 가득 채워져 있습니다. 대자비·대지혜·대평화가 꽉 차 있습니다. '나'만 비우면, 자아의 고무풍선만 터뜨리면 '옴―의 아모가[不空]'가 그대로 펼쳐지는 것이며, 그래서 '바이로차나'라 한 것입니다.

③바이로차나(vairocana)는 광명변조(光明遍照)·변일체처(遍一切處)라고 번역합니다. 법·진리·부처님·불공의 '옴―'은 어디에나 어느 때에나 있는 것이며, 그 광명은 시간과 공간을 초월하여

언제나 발현되고 있다는 것입니다. 곧 광명변조의 비로자나부처님은 바로 이러한 법신불을 인격화한 것입니다.

원효대사께서는 『대승기신론소』에서 법신(法身) 그 자체를 다음과 같이 설명하셨습니다.

- 크나큰 지혜요 광명이며〔大智慧光明〕
- 세상 모든 것을 남김없이 비추며〔遍照法界〕
- 참되게 아는 힘을 간직하고 있으며〔眞實識知〕
- 맑고 깨끗한 마음을 본성으로 하고 있으며〔自性淸淨心〕
- 영원하고 행복하고 자재하고 번뇌가 없으며〔常樂我淨〕

· 인연에 따라 변동됨이 없이 스스로 존재한다〔清凉不變〕

이와 같은 덕성을 갖춘 것이 법신입니다. 광명진언을 외우는 우리는 결코 잊지 말아야 합니다. 법신 비로자나불의 대지혜광명이 늘 우리를 비추고 있으며, 자아의 고무풍선을 터뜨린 우리 자체가 '바이로차나'라는 것을!

④마하무드라(mahamudrā)의 마하는 대(大), 무드라는 '도장 인(印)'이므로 '대인(大印)'으로 번역됩니다.

대인은 대우주의 도장입니다. 진리의 도장입니다. 이 도장은 '아주 결정적인 것'이

어서 '결코 변동이 있을 수 없다'는 뜻을 지니고 있습니다. 임금의 도장인 옥새가 찍히면 그 문서는 그 나라 어디에서나 통용됩니다. 그리고 절대적인 권위를 지닙니다. 그런데 대우주의 도장이요 진리의 도장인 마하무드라가 찍히면 어떻게 되겠습니까? 정녕코 영원불변의 효력을 발휘할 것입니다.

곧 이제까지 살펴본 영원불멸·진리·성취 등의 '옴―'과 온갖 좋은 것으로 가득 채워져 있는 '아모가[不空]', 그리고 어디에나 '법신불의 광명이 두루 하다[바이로차나]'는 것이 결코 변하지 않는 사실이라는 것을 '마하무드라'로 다시금 확인시켜 주고 있는 것입니다.

⑤ 마니(maṇi)는 마니보주(摩尼寶珠)로서, 무엇이든 하고자 하는 대로 이루어 준다고 하여 여의보주(如意寶珠)라고도 하며, 모든 불행과 재난을 없애주고 탁한 물을 맑힌다고 하여 수청주(水淸珠)라고도 합니다.

이 보주는 무색투명하여 볼 수가 없습니다. 그런데 붉은 것이 오면 붉은색을 나타내고 푸른 것이 오면 푸른색을 띱니다. 하지만 그 색들이 가고 나면 조금도 물듦이 없이 무색투명한 본래의 모습으로 돌아옵니다.

⑥ 파드마(padma)는 연화(蓮花), 곧 연꽃입니다. 진흙탕 속에서 자라나지만 물들지 않는 처염상정(處染常淨)의 꽃입니

다. 잡되고 혼탁한 속세에 있으면서도 더러움에 물들지 않고 청정함을 유지하는 '참된 나'를 상징화하고 있습니다.

⑦ 즈바라(suvara)는 광명(光明)입니다. 생사윤회의 원인인 미혹의 어둠을 한순간에 없애주는 대광명을 뜻합니다.

이제 이 ⑤ 마니 ⑥ 파드마 ⑦ 즈바라를 함께 묶어 이야기하겠습니다.

불교에서는 이 세상 무엇인가를 분석하고 관찰할 때 한 가지 측면으로만 보지 않습니다. 기본적으로 세 가지 측면에서 관찰하고 이야기합니다. 그 셋이 무엇인가? 체(體)

와 상(相)과 용(用)입니다.

이 중 체(體)는 본질·본체·근원·근본 등을 뜻하고, 상(相)은 나타나 있는 모습을, 용(用)은 작용이나 능력을 가리킵니다.

우리 인간을 비롯한 이 세상의 모든 것에는 반드시 체·상·용이 있습니다. 체·상·용이 없는 것은 존재하지 않습니다. 과연 체·상·용이란 어떠한 것인가? 예를 들겠습니다.

옆의 시계가 있다면 그 시계를 바라보십시오. 보이십니까? '나'의 눈으로 보는 시계의 모습이 바로 상(相)입니다. 그 시계의 용(用)은 무엇입니까? 우리에게 시간을 알 수 있게 해주는 것입니다. 이렇듯 시계의 상과 용은 쉽게 알 수가 있습니다.

그럼 시계의 체(體)는 무엇인가? 체는 그와 같은 시계의 모습을 낳게 하고 시간을 알게 하는 작용을 할 수 있도록 해준 근원이요 근본입니다. 그렇다면 체가 무엇이겠습니까?

바로 그 시계를 만들어낸 사람의 '아이디어'입니다. 시간을 알 수 있게 하는 작용을 표출시키기 위해 여러 부품들을 조합하여 지금의 시계 모양으로 만들어낸 발명가의 아이디어가 그 체입니다. 바꾸어 말하면 아이디어는 마음입니다. 발명가의 마음이 시계를 만들어낸 것입니다.

볼펜도 마찬가지요 물컵도 안경도 마찬가지입니다. 모두가 '이런 용도로 사용하기 위해서는 요러한 모양으로 만들면 되겠다'

고 하는 아이디어에 의해 만들어진 것입니다. 이와 같이 상과 용은 반드시 체를 따라 이루어집니다. 체를 떠나서는 상과 용이 존재하지 않습니다.

하지만 이 체(體)는 보이지 않습니다. 상과 용은 볼 수 있고 느낄 수 있지만 체는 보이지 않습니다. 그렇다고 하여 없는 것은 아닙니다. 체는 언제나 상과 용의 밑바닥에 숨어있습니다.

이제 '⑤ 마니 ⑥ 파드마 ⑦ 즈바라'로 돌아갑시다.

우리의 체(體)인 근본 마음·깨달음의 마음·참된 마음은 마니보주와 같습니다. 이것이 있어 무엇이든 뜻과 같이 이룰 수 있습니다. 또 남자의 업이 다가오면 남자의 속에

숨고, 여자의 업이 다가오면 여자 속에 숨습니다. 그러나 남자도 여자도 가고나면 원래의 무색투명한 마니가 됩니다.

그런데 우리의 참된 마음·근본 마음의 모습[相]은 어떠한가? 연꽃(파드마)과 같습니다. 어떠한 세파 속에 있을지라도 오염되지 않고 늘 깨끗한 모습을 나타냅니다. 이것이 맑디맑은 본래 마음의 본모습입니다.

이 마니보주에서는 빛, 곧 광명(즈바라)을 뿜어냅니다. 모든 무명과 미혹을 밝음과 지혜로 바꾸어놓는 대광명을 발하고 있는 것이며, 이것이 우리 참된 마음의 작용[用]입니다.

이제 광명진언을 외우는 우리가 꼭 명심해야 할 것이 있습니다. 그것은 '광명진언을 외우고 있는 내가 바로 여의보주(마니)요 연꽃(파드마)이요 광명(즈바라)임을 잊지 말아야 한다'는 것입니다.

나는 모든 것을 뜻과 같이 이룰 수 있는 여의보주를 지니고 있어 능히 맑히고 밝힐 수 있다는 것과, 나는 능히 생사의 탁류 속에서도 고요하고 맑은 연꽃과 같은 모습을 갖추고 살겠다는 것과, 대광명을 발하여 나와 모든 이의 미혹을 지혜로 바꾸어 놓고자 해야 한다는 것입니다.

⑧ 프라바를타야(pravarttaya)는 '전변(轉變)한다'는 뜻입니다. 나의 본심·보리심·진심·일심을 개발하여 생사의 고해에서 벗어나 새로운 삶을 얻게 된다

는 것입니다.

⑨훔(hūm)은 완성·성취의 의미를 지닌 단어입니다. '미혹과 더러움을 벗어나 청정과 밝음을 이루고 본심·보리심·진심을 회복해 가졌다'로 해석하면 됩니다.

이상의 아홉 가지 단어를 하나로 연결시켜 보면 대략 다음과 같습니다.

"이 대법계에는 어디에나 어느 때에나 영원·완성·조화·통일·진실·행복·자유 그 자체인 법신불의 결정적인 광명이 가득하며, 나 또한 마니요 연꽃이요 광명의 존재이다. 이제 부처님의 대자비광명 속에서 참된 나의 체·상·용을 개발하여, 생사

윤회 세계를 벗어나 참다운 깨달음을 성취하노라."

다소 복잡하지만 광명진언의 뜻이 이러하다는 것을 대충이라도 새겨 두실 것을 청합니다. 뜻을 대충이라도 알면 마음이 잘 모여 훨씬 기도의 성취가 빠를 수 있기 때문입니다.

광명진언
옴 아모가 바이로차나 마하무드라
마니 파드마 즈바라 프라바를타야 훔

3. 기도방법 및 참고사항

  광명진언을 외우는 우리는 관(觀)을 잘 해야 합니다. 대법계에 가득하신 부처님께서 '나'에게 대광명을 비추어 주는 가운데, 연꽃 위에 앉은 내가 대광명을 발하고 있다는 것을 관상(觀想)하며 진언을 외우는 것입니다. 곧 스스로가 마니요 연꽃이요 광명임을 관할 줄 알아야 합니다.

  그리고 영가를 위해 기도할 때는, 영가가 극락세계의 연꽃 위에 앉아 부처님께서 비추어주시는 대지혜·대자비의 광명을 받고 있음과 동시에, 영가 스스로도 빛을 발하고 있는 모습을 관하면 좋습니다.

또 사랑하는 아들 딸들과 가족을 위해 광명진언을 외울 때도 '나'의 사랑하는 아들 딸이 연꽃 위에 앉아 빛을 발하거나, 평소의 모습으로 부처님의 대광명을 받고 있는 모습을 관하면 됩니다.

이렇게 사실적인 모습을 떠올리는 관(觀)을 하기가 처음에는 쉽지 않은 이들도 있겠지만, 차츰 하게 되면 용이하게 이루어집니다. 꼭 관을 하지 않아도 되지만, 관을 하게 되면 그 성취가 훨씬 빨라지느니만큼 잘 익혀보시기 바랍니다.

그러나 관(觀)을 하는 것이 참으로 어렵다고 하는 분이 더러 있습니다. 도저히 못하겠다면 관을 그만두십시오. 대신 비로자나 부처님의 사진이나 기도해줄 대상의 사진 등을 앞에 두고 광명진언을 외우는 것도 한 방법입니다.

만약 관을 하지 않고 기도를 한다면 진언을 끊임없이 빨리 외우는 것이 좋습니다. 곧 한 시간에 1천독 이상 하는 것입니다.

꼭 어떠한 기도의 형식에 얽매이기 보다는 각자의 능력에 맞게, 또 마음을 잘 모을 수 있게 기도하는 것이 더 중요하다는 것을 기억하시고, 본인에게 맞는 기도법을 선택하시기 바랍니다.

이제 기도에 참고가 될 만한 몇 가지 사항을 이야기하겠습니다.

① **마음가짐** : 광명진언 기도를 할 때는 욕심이 아니라 '대법계의 광명 원리에 따른다'는 자세로 임해야 합니다. '나'나 나의 가족과 이웃, 집안의 영가나 떠도는 귀신 모두가 무명과 미혹 속에 휩싸여 방황하기 때문에 고난에 처하는 것입니다. 따라서 부처님의 대지혜광명으로 무명과 미혹을 밝히면 저절로 해탈하게 되고, 불공(不空)의 대해탈과 행복을 누릴 수 있게 된다는 것을 거듭거듭 새길 필요가 있습니다.

그리고 심중소원이 있으면 막연하게 외우지만 말고 속으로 '…… 꼭 이루어지이다' 하면서 외우는 것이 좋습니다. 부디 '원력(願力)'이라는 단어를 기억하십시오. 원(願)이 있어야 힘[力]이 모이고, 힘을 모으고자 해야 원력이 성취된다는 것을 잊지마시기 바랍니다.

② 기간 및 독송횟수 : 광명진언 기도는 일반적으로 한 차례의 기간을 최소 21일 또는 49일 또는 백일로 잡는 것이 좋습니다. 곧 어떤 영가의 천도나 소원성취를 염원하며 처음 21일 또는 49일 또는 백일을 기도하고, 이 한 차례의 기도가 미진하면 다시 21일 또는 49일 또는 백일씩 더 기도를 하는 것이 바람직합니다.

그리고 만약 시간이 허락되면 1년을 광명진언 기도 기간으로 정하는 것도 매우 좋습니다. 1년 정도 하게 되면 집안의 영가천도는 물론 '나'의 업장소멸에도 크게 도움이 된다는 이유에서입니다.

한 차례 기도 중의 독송 횟수는 짧게는 10만독, 보통은 30만독~1백만독으로 정하는 것이 좋습니다. 만약 30만독을 한다면, 하루에 1천독씩 하게 되면 3백일에 30만독을 할 수 있고, 하루에 3천독씩을 하면 1백일 만에 30만독을 끝낼 수 있습니다. 그리고 하루에 1만독을 하면 한 달만에 끝낼 수 있습니다.

만약 1백만독을 하려면 하루 3천독씩 333일을 하면 되고, 1만독씩 1백일을 해도 됩니다. 몇 독을 할 것이며 며칠을 할 것인지는 각자의 신심과 원력에 따라 정하면 됩니다.

그리고 돌아가신 부모님 등을 천도도 하

고 '나'의 업장 참회, 살아 있는 가족을 위한 기도를 함께 하고자 하는 경우라면, 처음 삼칠일(21일)은 먼저 영가를 위해 기도하십시오. 이 경우 가족·영가 모두를 한꺼번에 할 수도 있고, 특별히 인연이 깊은 한 분 한 분께 21일씩 할애하여 기도해주는 것도 바람직합니다. 이 기회에 꼭 집안 영가분들을 모두 천도해주겠다는 자세로 임하시면 됩니다.

또 현재의 가족 중 특별한 한 분 만을 위한 기도를 할 경우에는 그 분을 연꽃 위에 올려 부처님의 대지혜·대자비광명을 받는 것을 관하십시오. 그리고 나의 업장참회와 가족 모두의 행복을 기원한다면 함께 연꽃 위에 올라 빛을 발하는 모습을 관하면서 진언을 외우면 됩니다. 이때의 기간은 21일 이상 자유롭게 정하되, 성취가 멀면 몇 차례 거듭하십시오.

그리고 아주 다급한 일이 있을 때에는 하루 1만독씩, 그야말로 하루종일 광명진언 기도를 한다는 마음으로 임하고, 기도기간도 다급한 일이 해결될 때까지로 작정하십시오. 비상한 일에는 비상한 기도가 필요하지 않겠습니까?

③ 장소 : 처음 기도를 하는 이는 조용한 곳에서 행하여야 합니다. 절에서 기도를 할 때는 법당 안에서 하면 좋겠지만, 집에서 행할 때는 방해받지 않을 조용한 공간을 택하십시오. 가재도구가 많은 집안이면 기도를

위한 별도의 방을 갖거나 아늑한 공간을 찾기가 쉽지 않을 것입니다. 그때는 방에서 넓게 비어 있는 공간을 향해 해도 좋고, 거울 앞에 앉아 자신의 얼굴을 바라보며 진언을 외워도 좋습니다. 산란하지 않은 장소와 방향을 택하면 됩니다.

④ 하루 중의 기도시기 및 자세 : 광명진언을 하루 30분 정도 외우거나 1천독을 하는 것은 한자리에 앉아 하는 것이 가능하겠지만, 3천독~1만독을 한자리에 계속 앉아 하는 것은 여의치 않은 분들이 많을 것입니다. 그러한 경우, 하루의 기도를 여러 차례로 나누어 행할 것을 권합니다. 그러나 여러 차례 중에서 한 차례는 가부좌·정좌 등을

취하여 천주를 돌리며 기도하십시오. 만약 다리가 불편한 분은 의자에 앉아 해도 무방합니다.

또한 여러 차례 모두 자리에 앉아 기도가 힘든 경우, 한 차례 외에는 밥 하는 시간, 운동하는 시간, 출퇴근 길 등의 시간에 광명진언을 외우는 것도 바람직합니다.

이때는 천주를 돌릴 수 없으므로 단정히 앉아 내가 1천 번을 외우는 시간(숙련되면 50분)보다 10분 정도 더 시간을 주어 그 시간만큼 동중기도(動中祈禱)를 행하면 됩니다. 만약 숙련된 다음 밥을 하면서 또는 출퇴근시 차를 운전하면서 한 시간동안 계속 광명진언을 외웠다면 1천번을 한 것으로 간주하면 됩니다.

그리고 숫자가 표시되는 계수기를 이용하여, 광명진언 한 번에 계수기를 한 번씩 누르며 외우는 것도 한 방법입니다.

⑤ 소리의 크기 : 광명진언은 꼭 고성(高聲)으로 하지 않아도 됩니다. 흔히 고성으로 염불을 하면 열 가지 공덕이 뒤따른다고 하지만 작게 부른다고 하여 공덕이 사라지는 것은 아닙니다. 오히려 집안에서는 작은 소리로 외우는 것이 이웃이나 주위의 눈치를 보지 않아서 좋을뿐더러, 더 효과적으로 마음을 모을 수가 있습니다.

단, 속으로 외워서는 안 됩니다. 속으로 외우면 진언을 놓쳐버리기가 쉽기 때문입니다. 아주 작게 입술만 달싹거리며 외울지

언정, 속으로만 외우지는 마시기 바랍니다.

⑥ 공양물 : 예상 밖으로 '집에서 기도를 할 때 음식을 차려야 하는가'를 묻는 불자들이 많습니다. 기본적으로 향을 피우는 것으로 족하며, 조금 더 한다면 꽃·촛불·다기물 까지는 괜찮습니다. 그러나 음식물을 공양하게 되면 잡된 신이 찾아들 수 있으므로 집안에서는 절대로 음식물을 올리지 않는 것이 좋습니다.

⑦ 부득이 못하게 될 경우 : 여행이나 특근 등으로 집에서 기도를 할 수 없는 경우라면 스스로가 정한 시간만큼 어디서든 하는 것이 좋고, 그것이 어려우면 단 열 번이라도

광명진언을 외운 다음 사정을 고하여야 합니다.

"오늘은 특별한 사정 때문에 광명진언 기도를 제대로 행하지 못하게 되었습니다. 이 허물을 받아 주시옵소서. 내일은 올바로 잘 하겠습니다."

그리고 스스로가 세운 축원과 발원을 염하십시오. 이렇게 하면 한 번 하지 않은 것을 핑계 삼아 계속 하지 않게 되는 허물을 막을 수 있습니다.

⑧ 입재 및 축원 : 기도를 처음 시작하는 입재식(入齋式)은 특별한 것이 아닙니다. 처음 시작하는 날 삼배를 올린 다음 고하십시오.

"대자대비하신 부처님이시여, 제자 OOO은 오늘부터 O일 동안 ………을 위하여 광명진언 기도를 행하고자 합니다. 저의 모든 마음을 부처님의 대지혜와 대자비의 광명 속에 바치오니, 이 기도의 목적이 꼭 성취되게 하옵소서."

이렇게 세 번을 고하면 입재(入齋)가 되는 것입니다.

그리고 매일 기도를 할 때는 먼저 삼배를 올리면서 참회(懺悔)하고 축원(祝願)하고 감사(感謝)부터 하십시오.

참회는 '부처님 잘못했습니다, 잘못했습니다, 잘못했습니다.'

축원의 내용은 각자가 적절히 정한 것을 세 번 하십시오. 고상한 축원이 아니라도 좋습니다. 원하는 어떠한 축원내용이라도 좋으니 구체적으로 적어보고 다듬은 다음 부처님께 고하시기 바랍니다.

감사는 '감사합니다, 감사합니다, 감사합니다' 라고 하면 됩니다.

그리고 광명진언을 외우기 전에 세 차례 "나무광명진언 · 나무광명진언 · 나무광명진언"을 세 번 외운 다음, "옴 아모가~ 훔, 옴 아모가~ 훔, 옴 아모가~ 훔………"을 스스로가 정한 시간 또는 횟수만큼 반복하십시오. 이때 속으로 '…… 꼭 이루어지이다', '…… 성취시켜 주셔서 감사합니다' 라고 염하십시오.

마지막으로 끝난 다음에도 삼배를 하고 시작할 때 했던 참회와 축원과 감사를 드리면 됩니다.

그리고 영가천도를 할 때는 광명진언 기도를 끝낸 다음 『반야심경』한 편을 독송하는 것이 좋습니다. 영가가 반야심경을 들으면 제 갈 길을 잘 찾아가게 된다고 합니다. 그러나 영가천도 기도가 아니면 반야심경을 꼭 외우지 않아도 됩니다.

⑨ 기도 시의 이상현상이나 장애 : 참고로 광명진언 기도 시에 나타날 수 있는 현상이나 장애들을 간략히 열거해 보겠습니다.
· 기도하는 도중에 계속 하품이 나오거나 참을수 없을만큼 졸음이 밀려오기도 함.
· 괴물·뱀·악마 등이 등장하는 악몽을 꾸기도 함.

- 헛구역질을 하거나 토를 하기도 함.
- 손과 발이 붓거나 물집이 생기고, 눈·귀·코·입 주위가 헐거나 터지기도 함.
- 어떤 기운이 몸 전체에 돌아다니는 듯 할 때도 있음.
- 나와 남의 몸이 투명하게 보이기도 함.
- 평소에 싸움을 하지 않던 부부나 가족들이 자주 말다툼을 하거나 갑자기 미워짐.
- 집안에 생각지도 않던 사건이 터지는 등 기도를 못하게 하는 방해요인들이 나타나기도 함.

하지만 이 모두가 며칠만에 사라지는 일시적인 현상으로, 흔들리지 않고 계속 광명진언 기도를 하게 되면 저절로 소멸됩니다.

그리고 이러한 현상이 나타나는 것은 업장이 소멸되고 있음을 증명하는 과정이기도 합니다.

그러므로 이러한 현상들을 부디 마음에 두지 말고 더욱 열심히 광명진언을 외우십시오. 집착을 하여 그 현상에 빠지면 기도를 못함은 물론이요 성취도 없지만, 집착을 하지 않고 꾸준히 외우면 모든 어려운 문제들이 자신도 모르는 사이에 다 풀려지게 됩니다.

끝으로 특별히 한 가지를 더 당부 드리고자 합니다.

광명진언을 입으로 외우는 것만으로는 집중이 잘 되지도 않고 효과가 뚜렷하게 나타나지도 않는다면, 경전을 사경(寫經)하듯이 광명진언을 쓰면서 기도해 보시기 바랍니다. 입으로 광명진언을 외우고, 손으로 광명진언을 쓰고, 마음으로 광명진언의 뜻과 소원을 생각하여 보다 큰 영험을 본 예는 많이 있습니다.

부디 이상과 같은 방법과 광명진언의 참뜻 속에서 기도를 여법하게 행하여, 부처님의 큰 가피를 입고 대자비와 대지혜와 대평화와 대행복이 충만된 삶을 영위하시기를 깊이깊이 축원 드립니다.

이제 최근 몇 년 동안 주위에서 경험했던 몇 가지 기도가피영험담을 수록하여, 광명진언 기도를 하는 분들의 발심과 신심을 돕고자 합니다.

III
광명진언 기도 영험담

김현준

1년 사이에 모든 어려움을 해결하다

경상북도 영천에서 남편이 석재공장을 하는 안영희 보살의 체험담입니다.

보살의 남편은 경북 영천시에서 2000년에 석재공장을 시작하였습니다. 그러나 2년 뒤 부도를 맞고, 살고 있던 집까지 남에게 넘겨주어야 했습니다.

남편은 화병에다 당뇨병까지 걸렸고, 사람들은 빌린 돈을 갚으라며 수시로 빚 독촉을 하였습니다. 집으로 찾아와 '이자 달라, 원금 달라' 며 심한 욕을 하지 않나, 전화로도 '빚을 갚지 않으면 가만 두지 않겠다' 는 협박이 끊이지 않았습니다.

그야말로 불안하고 초조하고 괴롭게 5~6

년을 살았는데, 2007년 10월에 대구 혜림사에 다니는 언니가 전화를 걸어, 광명진언에 대해 설명을 해주며 권했습니다.

"처음에는 힘드니까 108번씩 하고, 믿음이 생기거든 열심히 해봐라."

1년에 한 번 정도 절을 찾아가는 안영희 보살로서는 광명진언이 생소하기 그지없었지만, '영험을 보았다'는 언니의 말을 믿고 메주콩 108개를 준비하여 하나씩 세어가며 며칠 동안 광명진언을 외웠습니다.

며칠이 지난 뒤에 언니가 보리수 108염주와 〈광명진언 기도법〉이 수록되어 있는 「월간 법공양」을 가지고 왔습니다. 기도법을 읽어보니 참으로 신심이 났고, 그리하여 시간이 날 때마다 기도를 하여 하루 1천독은 할 수 있게 되었습니다. 석재공장 사람들에게 밥 해주고 참 해주랴, 아들딸 삼남매를 키우랴, 시어른 봉양하랴, 정신없는 가운데 광명진언을 1천독씩 외운 것입니다.

그런데 한 달 가량이 지나자 기적이 일어나기 시작했습니다. 일거리가 거의 없던 석재공장에 차츰 주문이 늘어나더니, 눈코 뜰 사이 없을 정도로 일거리가 밀려들어오는 것이었습니다.

자연 많은 돈을 벌게 된 안보살 내외는 1년 동안 대부분의 빚을 갚게 되었습니다. 그리고 빚독촉에 시달려 우울증에 당뇨병 등의 몹쓸 병을 앓았던 남편도 건강을 되찾아 생기 가득한 사람이 되었습니다. 또, 요즘처럼 취업이 어려운 시기에 전문대 졸업반인

큰 딸은 큰 회사에 취직을 하여 출근을 시작하였습니다.

이제 그녀는 광명진언 기도를 시작한지 1년 남짓 지났습니다. 그렇다고 많이 한 것도 아닙니다. 하루 1천독 정도를 꾸준히 하였습니다.

그런데 그 1년 사이에 돈·건강·자식농사·일 등 모든 어려움이 다 해결된 것입니다. 그녀는 확신 있게 말합니다.

"모든 것이 부처님의 가피입니다. 늘 감사하는 마음으로 지금도 광명진언 기도를 하고 있으며, 주위 사람들에게도 권하고 있습니다."

집안의 기운도 몸도 편안해지다

일불성 보살은 1998년 대구 숙천동의 집으로 이사를 갔습니다. 이사를 간지 며칠만에 그녀는 '집터가 너무 세어 집안이 평안하지 못할 뿐 아니라 남자들은 오래 살지 못한다' 는 이야기를 들었습니다.

과연 집터가 세어서인지, 가족 모두가 특별히 아픈 데도 없는데 많이 피곤하고 머리가 아프고 밥맛이 없고 매사에 의욕이 없었습니다. 그리고 어느 날에는 스님 한 분이 오더니, '집안에 물고기나 가축을 키워보라' 고 일러주었습니다.

그래서 금붕어와 토끼를 키웠는데, 이상한 일들이 가끔씩 발생했습니다. 예를 들어

남편이 술을 먹고 온 다음날이면 금붕어가 한두 마리씩 죽고, 토끼도 없어지거나 죽는 것이었습니다.

그때마다 불길한 생각이 들었고 가족들의 상태도 좋지 않았습니다. 그러던 차에, 불교신행연구원에서 세운 대구 혜림사(慧林寺:지금은 정보사로 바뀌었고, 스님이 운영함)의 광명진언 1년 기도에 동참하여 2007년 2월부터 하루 1천독씩 외웠습니다.

일불성 보살은 이 광명진언 기도 기간 중 세 번의 특별한 꿈을 꾸었습니다.

첫 번째 꿈은 1백일 가량 지난 5월 중순에 꾸었습니다. 아이들과 함께 그녀는 집 뒤의 동산으로 올라갔는데, 갑자기 형체를 알 수 없는 이무기 같은 큰 괴물이 건너편에서

움직이고 있었습니다. 그때 공중으로부터 남자의 음성이 울려왔습니다.

"저 괴물은 보기만 해도 죽는다. 보려 하지 말고 빨리 도망쳐라."

아이들과 함께 힘을 다해 동산을 내려오는데, 시커먼 덩어리 같은 괴물이 순식간에 30~40m 공중을 날아 덮칠 듯이 하더니, 길쪽에 떨어져 '꽥' 소리를 내는 것이었습니다. 그때 남자의 음성이 또 들려왔습니다.

"이제 죽었으니 안심해도 된다."

두 번째 꿈은 첫 번째 꿈을 꾸고 두 달 가량 지났을 때였습니다. 미장원에 가서 차례를 기다리는 사이에 광명진언을 외우다가 깜빡 졸았는데, 그때 큰 보따리만한 검은 덩어리가 배 속에서 밑으로 쑥 빠지는 꿈을 꾼 것입니다.

그리고 11월 말이 되었을 때 세 번째 꿈을 꾸었습니다. 일불성 보살이 추수가 끝난 들판에 서 있는데, 갑자기 물개처럼 생긴 검은 벌레가 몸으로 기어 올라오는 것이었습니다. 그 크기는 고양이 보다는 크고 개 보다는 작은 정도였습니다.

너무나 무섭고 소름이 끼쳐 있는 힘껏 잡아서 땅바닥에 패대기를 쳤는데도 계속 달라붙는 것이었습니다. 서너 차례 그 벌레를 떼어낸 후 들판으로 도망을 치기 시작하였고 그 벌레는 마냥 쫓아왔습니다.

"오지 마, 따라오지 마!"

하지만 벌레는 집요하게 따라붙었습니다. 그런데 순간적으로 개 · 사슴 · 닭 · 토끼 등의 여섯 마리 가축이 나타나 벌레를 잡아먹어 버리는 것이었습니다. 그녀는 "아이고 살았구나" 하며, 잠에서 깨어났습니다.

이 세 번의 꿈을 꾸면서 그녀는 몸이 차츰 호전되고 가정이 평화로워지는 것을 경험했습니다. 특히 두 번째 꿈을 꾸고 나서부터는 몸에 달고 살았던 병원 약을 차츰 멀리하게 되었고 피로감 등이 사라졌으며, 세 번째 꿈을 꾸고는 머리가 맑아지고 건강이 완전히 좋아졌을 뿐 아니라, 말랐던 몸도 4~5kg 정도 쪄서 정상화되었습니다.

뿐만이 아닙니다. 평소에는 남편과 말다툼도 자주하고 불신감도 컸었는데, 남편이 보살의 삶을 잘 이해해주었고, 서로에 대한 간섭이나 잔소리가 칭찬과 긍정으로 바뀌었습니다. 그리고 금전적으로도 풍족해져서 광명진언 기도 직전에 재테크를 한 것이 약 10배 정도의 이익을 보았으며, 고등학교를 다니며 그토록 공부를 하기 싫어했던 둘째 아이도 공부에 취미를 붙여 전교에서 1~20등 하는 상위권의 성적을 내게 되었습니다.

그러나 이것이 끝이 아닙니다. 일불성 보살은 광명진언 기도를 통하여 또 한 번의 가피를 입었습니다.

2008년 4월, 소규모 사업을 하던 그녀의 남편은 갑자기 '어지럽다'고 하면서 머리를 돌리는 것조차 힘들어했습니다. 경북대 의료원에서 검진도 받고 MRI 사진도 찍어 보았지만 의사는 속 시원하게 병명을 말하지 않았습니다.

"달팽이관의 이상은 아닙니다. 고혈압 때문에 생긴 합병증일 것입니다."

처방을 해주는 약을 먹었으나 별 효과가 없었습니다. 일도 제대로 못하고 보름정도 지냈을 때 보살은 문득 '광명진언 기도를 해야겠다'는 생각이 들었습니다.

'광명진언 기도의 힘으로 괜찮을 것이다.'

일불성 보살은 이렇게 마음속으로 원을 염하며, 하루 3천독씩 보름 동안 광명진언을 외웠습니다. 그때 어느 분이 경산의 한 병원을 소개시켜 주었고, 그 병원에서 치료를 한번 받고는 남편의 어지럼증이 완쾌되었습니다. 남편은 말했습니다.

"광명진언 기도의 힘이 세기는 세구나."

그 뒤부터 남편은 일불성 보살의 불교신행 및 기도생활에 가장 큰 후원자가 되었습니다. 현재 일불성 보살은 광명진언을 통하여 얻은 부처님의 가피와 은혜를 어떻게 보답할지 궁리 중에 있다고 합니다.

집안의 평화와 사랑을 되찾게 한 광명진언

경주 성건동에 사는 50대 초반의 수월심 보살에게는 남모르는 고민이 있었습니다. 육군 장교인 아들이 중국에서 온 여인과 연애를 한 끝에 결혼식을 올렸는데, 잘 사는 집안의 외동딸인 며느리가 유난히 철이 없는 것이 문제였습니다.

　며느리는 평소에도 집안에서 마음대로 할 뿐 아니라, 군인의 신분이기 때문에 매일 집으로 귀가할 수 없는 남편의 입장을 이해하지 못하고, 꼭 집으로 돌아와 잠을 잘 것을 요구했습니다.

　군인이기에 자주 있게 되는 훈련이나 비상근무를 받아들이지 못하였을 뿐 아니라, 사소한 일에도 신경질을 부리며 기물을 파손하거나 좋지 않은 말들을 내뱉었습니다.

　마침내 아들은 그녀와 헤어지기로 작정하였습니다. 그러나 그녀는 집요하게 매달리면서 군생활을 비롯한 남편의 모든 활동을 방해였습니다. 참으로 수월심 보살로서는 이해할 수 없는 며느리에 측은하기 그지

없는 아들이었습니다.

이 무렵 수월심 보살은 어느 절의 불교교양대학을 함께 다녔던 도반으로부터 광명진언기도를 할 것을 권유받았습니다.

처음에는 무시를 하였는데 2007년 2월에 '불교신행연구원 김현준 원장이 대구 범물동에 있는 혜림사에 와서 광명진언의 뜻을 설명해주고 기도하는 법을 자세히 일러준다'는 전화를 받고 찾아가 법문을 듣게 되었습니다.

법문을 듣고 신심이 가득 샘솟는 것을 느낀 그녀는 광명진언기도를 하리라 작정하고, 집으로 돌아와 하루 3천독씩 광명진언을 외우기 시작하였습니다. 그런데 광명진언만 외우면 잠이 퍼붓는 것이었습니다.

'이상하다. 광명진언만 외우면 왜 이렇게 졸릴까? 아! 그래. 이것이 원장님께서 이야기한 마장(魔障)이구나. 이겨내야 한다.'

이렇게 생각하고 애써 졸음을 쫓으며 진언을 외웠습니다. 그리고 2주 후 꿈을 꾸었습니다.

크고 작은 검은 소들이 어느 양반 집의 마당과 대문 밖 뜰에 잔뜩 모여 있었습니다. 그 소들은 소리 내어 울부짖기도 하고 사나운 표정도 짓고 있었습니다.

꿈에서 깨어난 다음 수월심 보살은 문득 느꼈습니다.

'아, 내 기도가 부족한 탓인가 보다. 속죄하는 마음으로 열심히 기도를 하자.'

그리고는 입으로 광명진언을 외우며 속

으로 염하였습니다.

"제가 잘못했습니다. 잘못했습니다. 참회합니다. 참회합니다…."

그녀의 기도는 그야말로 참회기도로 바뀌었습니다. 그리고 모든 것을 부처님께 바쳤습니다.

"모든 것을 부처님께 맡기옵니다. 며느리가 우리 집 사람이 되면 되고, 아니면 말고, 부처님의 뜻에 따르겠습니다. 부처님께서 판결을 내려 주십시오."

이렇게 염하면서 기도를 하는데 눈물이 하염없이 쏟아져 내렸습니다. 7일 가량을 매일매일 눈물로 지새웠습니다. 그런데 얼마 뒤 아들에게서 연락이 왔습니다.

"어머니, 걱정하지 마십시오. 저희들 문

제는 잘 해결되었습니다."

너무나 기뻤던 수월심 보살은 부처님께 감사하며 2007년 11월 초부터 21일 동안 하루 1만독씩 광명진언을 외웠고, 회향하는 날 또 꿈을 꾸었습니다. 누런 소 한 마리가 푸른 초원에서 평화롭고 한가로이 풀을 뜯고 있는 꿈이었습니다.

'문 앞에 가득했던 검은 소들 대신, 푸른 초원 속의 황소 꿈을 꾸다니!'

수월심 보살의 마음은 너무나 편안해졌고, 집안도 매우 평화로워졌습니다. 아들 부부의 금슬은 물론이요, 보살 부부의 금슬도 너무나 좋아진 것입니다.

백중기도 뒤에 얻은 가족의 평안

대구 달서구 용산동에 사는 50대 중반의 권보살은 남편과의 사이에 장성한 두 딸을 두고 있었습니다. 보살은 알뜰살뜰하게 잘 살고 싶었지만, 집안에는 이상하게도 분란이 끊이지 않았습니다. 남에게 진 빚 때문에 돈을 잘 벌지 못하는 남편과 '사니 못 사니' 하면서 자주 싸웠고, 딸들과도 반목이 매우 심했습니다.

특히 결혼을 한 둘째딸은 남편과 헤어져 친정에 와서 애를 많이 먹였습니다. 친정에 얹혀살면서 집에도 잘 들어오지 않았고, 가끔씩은 술을 마시고 행패를 부리기까지 하였습니다. 권보살의 삶은 너무나 힘이 들었습니다.

그러던 차에 주위 사람의 소개로 2008년 6월 28일에 대구 혜림사의 49일 백중기도 입재법회에 참여하여 법문을 들었습니다.

"부처님의 자비광명은 반드시 옵니다. 자비광명이 오면 다 잘 됩니다. 100% 믿음을 가지고 완전히 자신을 던져서 기도하십시오. 될 수 있으면 하루 3천독씩 하십시오. 한 자리에 앉아서 하지 않아도 되니, 틈틈이 하여서라도 3천독을 채우십시오. 틀림없이 가피가 있을 것입니다."

그날부터 보살은 광명진언을 외우며 가족을 향한 참회를 동시에 행하였고, 백중날인 8월 15일에 다른 기도동참자들과 함께 혜림사에서 회향하였습니다.

그런데 참으로 묘한 일이 일어났습니다. 그렇게 밉게만 보이던 남편이 차츰 좋게 느껴졌고, 보수는 많지 않지만 안정된 직장을 구하여 열심히 다니게 되었습니다.

취직을 못하여 애물단지 노릇을 했던 큰딸은 대전에 있는 회사로 들어가 월 2백만 원이 넘는 월급을 받게 되었습니다.

또 그렇게 애를 먹이던 둘째딸도 전남편과의 관계를 완전히 정리하고 착실하게 직장을 다니며 안정을 되찾은 것입니다.

자연 집안에서의 반목과 싸움은 저절로 사라졌고, 화기애애한 가정을 되찾았습니다.

그녀는 말했습니다.

"광명진언기도를 하였더니 신기하게도 모든 문제가 한꺼번에 풀렸습니다. 이제 사는 게 참 재밌습니다."

그녀의 말에 나는 맞장구를 쳤습니다.

"기도를 중도에 그만둔 사람은 일이 풀리지 않는 경우가 많았지만, 기도에 입재한 다음 회향 때까지 끈을 놓지 않고 꾸준히 한 사람은 모두가 다 잘 되는 것을 볼 수가 있습니다. 그럼 기도를 잠시 중단했다가 다시 한 사람은 어떠했을까요? 그들도 장애의 대부분이 풀렸습니다. 모름지기 불보살님과 광명진언의 위력을 믿고 앞으로도 기도 잘 하시기를 당부 드립니다."

권보살은 지금도 매일 광명진언을 외우고 있습니다.

수시합격의 가피

봉녕사 신도요 수원 권선동에 사는 안보살은 2006년 3월에 둘째 아들이 고등학교 3학년이 되자 지금 양주시 장흥의 청용사에 있는 선유스님의 권유로 합격 발원 기도를 하게 되었습니다.

"하루 3천독 이상 광명진언을 외우되, 할 수 있으면 1만독까지 하겠다."

안보살은 이렇게 작정을 하고 광명진언 기도를 시작하였는데, 평균적으로 매일 6천독 정도 외웠습니다. 그야말로 하루 생활이 광명진언 그 자체였습니다.

6개월가량 외워 아들이 서울대학교 수시 입학시험을 치기 며칠 전이 되었을 때입니다. 이상하게도 꿈에 연세 많은 노인, 낯익은 국회위원들과 함께 산으로 놀러 다니는 꿈을 계속 꾸었습니다.

그리고 시험 당일 날 새벽, 안보살은 서울대학교 입학시험의 책임자가 되어 있는 꿈을 꾸었습니다. 60대의 할아버지가 '이 자리는 내 자리이다. 네가 대신 여기에 앉아라'고 하면서 입학시험 책임자의 자리를 양보해 주는 것이었습니다. 할아버지는 싱글벙글 웃으면서 그 자리에 앉은 안보살에게 계속 말했습니다.

"네가 쓰고 싶은 대로 마음껏 써라. 쓰고 싶은 대로 쓰면 된다."

이 소리를 듣고 안보살은 무엇인가를 정신없이 써내려갔습니다.

그날, 아들은 수시입학의 '논술고사 및 면접'을 보기 위해 시험장으로 향하였고, 안보살은 염주를 돌리며 광명진언을 외우고 있었습니다. 아들은 접수번호가 늦어 원래는 끝에서 두 번째로 면접을 보게 되어 있었습니다. 그런데 '논술고사 및 면접'을 시작한 뒤 얼마 지나지 않아 아들이 나오는 것이었습니다. 아들이 빨리 나오지 않으리라 생각하며 느긋하게 기도를 하고 있던 안보살은 의아해하면서 물었습니다.

"왜 이렇게 빨리 나왔니?"

"접수순이 아니라 뒷번호부터 면접을 보기로 결정하여 제가 두 번째가 되었습니다. 기다리지 않아 마음이 초조하지 않고 오히려 좋았습니다. 그런데 논술에서도 면접에서도 참으로 신기한 일이 있었습니다."

"무엇인데?"

"시험 문제들이 며칠 전에 공부했던 데서 나왔어요. 한 문제도 예외 없이 모두 제가 공부한 문제였어요. 너무 신기합니다."

어머니는 참으로 꿈과 같음을 알고 기쁨을 만끽하였지만, 아들에게는 오히려 주의를 주었습니다.

"너무 좋아하지 말고 표정관리 잘 해라. 발표가 날 때까지…."

과연 아들은 서울대학교 바이오시스템과에 거뜬히 들어갔습니다.

뒷날 안보살은 입시 당일의 꿈에서 입학시험 책임자 자리를 내어준 노인이 수원 봉녕사의 신중탱화 속에 있는 신장님 중 한 분의 얼굴과 꼭 같은 것을 발견하였습니다. 꿈에 모습을 나타낸 신장님과 아들의 합격! 이 어찌 어머니의 정성이 가득 담긴 광명진언 기도의 영험이 아니고 무엇이겠습니까?

아들과 딸의 동시 합격

서울의 능인선원에 다니는 수원의 정보살은 아들과 딸을 연년생으로 두었습니다.

아들이 2006년 대학 입시를 치르기 얼마 전부터 광명진언 기도를 시작하였는데, 아들은 대학에 들어가기는 하였으나 '더 좋은 대학에 가겠다' 며 재수를 선택하였습니다. 그리하여 정보살은 재수생인 아들과 고

3인 딸, 이렇게 두 수험생을 둔 어머니가 되고 말았습니다.

하나도 힘든데 두 명의 수험생을 뒷바라지 하려니 여간 스트레스가 쌓이는 것이 아니었습니다. 게다가 아들딸도 꼭 가고 싶은 대학과 학과에 가고자 하였으므로 많이 힘들어 하였습니다.

정보살은 선유스님을 찾아가 방법을 물었습니다.

"보살님은 광명진언 기도를 해 본 적이 있으니 입에 익었을 것입니다. 매일 광명진언을 3천독 외우며 아이들에게 빛과 힘을 주십시오."

"해보겠습니다."

그런데 정보살은 3천독이 아니라, 하루 5

천독에서 7천독을 하였습니다. 매일 점심식사 후인 12시 30분에 앉아 네 시간가량 광명진언을 외우고, 수시로 또 외운 것입니다.

이렇게 하기를 백일, 스님은 정보살에게 '허리를 펴고 앉아 코끝을 보면서 광명진언을 하라'고 시켰는데, 이상하게도 코끝 주위며 몸과 방바닥으로 빨간 점들이 돌아다니는 것이었습니다.

그 빨간 점은 광명진언의 글자들이 정보살 몸의 혈관을 따라 돌기 때문에 나타나는 현상이었습니다.

정보살의 마음은 이때부터 한없이 편안해졌습니다. 그리고 2백일 가까이 되어 1백만독을 넘겼을 때 그녀는 꿈을 꾸었습니다. 고무신을 신고 설악산 봉정암의 적멸보궁을 두 번이나 갔다가 오는 꿈이었습니다. 그것도 너무나 쉽게 다녀왔습니다.

교통사고로 다리가 부러져 다리에 쇠를 박아야했던 정보살로서는 설악산 봉정암을 오른다는 것이 꿈과 같은 일입니다. 그런데 꿈에서 봉정암을 두 차례나 쉽게 오른 것입니다. 그것도 고무신을 신고….

기도의 결과는 자연성(自然成)이었습니다. 2007년 대학입학시험에 아들은 연세대학교에 합격하였고, 딸은 원했던 대학의 미술학과에 들어갔습니다. 그리고 미술학원에서 아르바이트를 하여, 학비까지 벌면서 신나게 공부를 하고 있다고 합니다.

영가천도와 병 치료가 함께 이루어지다

서울 여의도에 사는 전보살은 늘 머리가 어지러웠습니다. 마치 배멀미를 하는 듯이 어지러워 여러 차례 병원을 찾아 진단도 받고 MRI 촬영도 해보았지만 원인을 찾을 수 없었습니다. 또 병원 처방약이며 한약 등을 먹어도 보았지만 효과가 없었습니다.

게다가 호주로 유학을 갔다가 돌아온 둘째 아들이 대학입시를 앞두고 있었는데, 어찌된 일인지 잠만 자는 것이었습니다. 제 방에서 자는 것을 깨워놓으면 거실로 옮겨가서 자고, 거실에서 깨워놓으면 형 방에 가서 자고, 형 방에서 깨워놓으면 또 어디론가 찾아들어가 잠을 자는 것이었습니다.

이러한 입시생 아들을 보며 전보살은 속이 많이 상했습니다. 그녀는 청용사의 스님을 찾아가 상의를 드렸고, 스님은 광명진언 기도를 권하면서 말했습니다.

"30만독을 하되, 10만독에 한 번씩 절에 와서 제사를 지내십시오. 하루 1만독씩 할 작정을 하면 한 달이면 마칠 수 있습니다. 부지런히 해 보십시오. 틀림없이 가피가 있을 것입니다."

2006년 8월, 그녀는 하루 1만독씩 정말 하루 종일을 광명진언 외우는 데에만 몰두했습니다. 밥을 할 때도 광명진언, 청소를 하면서도 광명진언, 화장실을 가서도 광명진언을 하였습니다. 광명진언을 외우며 천주와 계수기를 옆에 끼고 살았습니다.

그렇게 열심히 하여 마지막 30만독을 채우던 날 밤, 가족들은 친척들과의 모임에 참석하기 위해 모두 나가고, 혼자 남아 진언을 외우는데 몸이 오싹할 만큼 무서움이 몰려드는 것이었습니다. 애써 공포심을 억누르며 광명진언을 외웠고, 밤 12시 4분에 30만독을 마쳤습니다.

그러나 두려운 마음은 여전하였고, 이미 밤이 늦어 방으로 들어가 애써 잠을 청했습니다. 그리고는 어느 순간 잠이 들어 꿈을 꾸었는데, 꿈에서도 두려운 느낌을 떨쳐버릴 수가 없었습니다.

그때 누군가가 강제로 방문을 열려 하였고, 그녀는 무서워 방 한쪽 구석으로 숨었습니다. 그런데 전설의 고향에서처럼 '펑' 하는 소리와 함께 방 가운데에 한 아기가 나타났습니다. 약 백일가량 된 그 아기는 전보살을 표독스럽게 바라보며 자지러질듯이 '앙앙' 울었습니다.

너무나 당황스럽고 무서워 어찌할 줄을 모르고 있는데 갑자기 세숫대야가 보였고, 얼핏 들여다보니 세숫대야 안에는 형체가 온전하지 않은 태아 같은 아이가 있었습니다. 전보살이 자세히 보려고 다가가자 태아 같은 작은 아기는 대야의 물속으로 녹아버렸고, 얼마 지나지 않아 '앙앙' 울던 큰 아기도 흔적 없이 사라져버리는 것이었습니다.

전보살은 도무지 이해할 수 없는 꿈을 꾸고 두려움에 젖어 있었는데, 한 달쯤 뒤에

추석이 되어 부산의 시댁에 갔다가 그 아기들의 정체를 알게 되었습니다.

전보살 시어머니의 시어머니, 곧 전보살의 시할머니가 뒤늦게 남자 아기를 낳았는데, 백일정도 되었을 때 죽은 일이 있었습니다. 그리고 다시 시할머니가 전보살의 시어머니와 같은 시기에 임신을 하였는데, 임신 9개월 만에 배 안에서 죽어 사산(死産)을 하였다는 것입니다.

이렇게 광명진언 기도 30만독 후 이상한 꿈을 꾸었던 전보살에게는 세 가지 변화가 찾아왔습니다. 첫째는 그렇게 잠에 빠져 살던 둘째 아들이 정상으로 돌아왔다는 것이요, 둘째는 배멀미하듯이 어지러웠던 머리가 나았다는 것입니다. 그리고 셋째는 생각도 기대도 하지 않았던 것이었습니다.

전보살의 오른쪽 무릎 밑 바깥쪽에는 타원형으로 가운데 손가락 굵기 정도의 길이 10cm가량 되는 종양이 있었습니다. 이 지방덩어리 같은 육종은 대학교 1학년 때부터 있던 것으로, 특별한 부작용이 없어 30년 가까이 몸의 일부분처럼 여기고 살았었습니다. 그런데 광명진언 기도 이후 그 종양이 흔적도 없이 사라졌고, 남편도 너무나 신기해하였습니다.

이처럼 광명진언의 가피는 기도행자가 바라는 것 이상인 경우가 많습니다. 알게 모르게 쌓은 업장들! 한 차례의 용맹스러운 광명진언 기도를 통하여 모두 녹여보시기 바랍니다.

임종의 순간에 특히 좋은 광명진언

　조계종 불교상담대학에 다녔던 50대 초반의 김보살은 병원에 입원하여 얼마 후의 임종을 기다리고 있는 어머니를 돌보고 있었습니다.

　오랜 투병생활로 인해 어머니의 얼굴과 온 몸은 퉁퉁 부어 있어 대할 때마다 그지없이 마음이 아팠습니다.

　그녀는 마지막 가시는 길의 어머니 앞에 앉아 손을 꼭 잡고 광명진언을 외웠습니다. 어머니의 극락왕생을 기원하며 서너 시간 동안을 정신없이 광명진언만 외웠습니다. 그런데 기적이 일어났습니다. 어머니의 붓기가 싹 빠지고, 그지없이 평화로운 표정을 지으며 임종을 하신 것입니다.

❀

캐나다로 이민을 간 내가 아는 보살의 아버지는 여러 차례 국회위원도 지내고 정계의 요직을 두루 거쳐 크게 이름을 날렸던 분입니다. 그러나 세월의 무상함을 어찌 하겠습니까?

그 분의 임종이 가까워지자 가족들은 크게 당황하였고, 그 분의 장녀인 보살이 '임종을 하면 어떻게 해야 하는지'를 물어왔습니다.

나는 일타스님의 친필을 인쇄한 광명진언을 여러 장 주면서 당부했습니다.

"임종의 순간에 울거나 몸을 건드리지 말

고, 가족 모두가 일심으로 광명진언을 외우십시오. 그리고 마음속으로 아버님이 부처님의 자비광명 속에서 극락에 왕생하기를 기원하십시오. 가피를 느낄 것입니다."

그 분이 임종을 하자 가족들은 미리 약속한 대로 광명진언을 30분가량 외웠습니다. 그런데 임종 직전보다 아버지의 모습이 한없이 부드러워졌을 뿐 아니라, 은은한 빛을 띠기까지 하는 것이었습니다.

이를 본 가족들은 깊은 감동을 느껴, 누가 시키지 않았는데도 상중(喪中) 내내 광명진언을 외웠다고 합니다.

극락왕생을 확신하다

광명진언의 기도 효과는 너무나 큽니다. 이제 내가 체험한 광명진언의 가피 중에서 참으로 믿기 어려운 한 가지 경험을 이야기하면서 영험담의 매듭을 짓겠습니다.

❇

나와 아주 가까운 분이 2003년 10월에 예순도 안 된 나이로 미국에서 유명을 달리하였습니다. 암으로 인해 세상을 하직하였는데, 병원에 갔을 때는 암이 이미 여러 곳으로 전이 된 뒤였습니다.

피아노로 일가견을 이루었던 그분은 매우 철학적이었고, 도(道)에 아주 관심이 많았습니다. 또 죽음에 대해 매우 심각하게 생각하여 해마다 한 두 달씩 세계 유명인사의 무덤이나 유적지를 찾아다니며 참배하였고, 마침내 죽음에 대한 불안을 뛰어넘었습니다.

하지만 막상 죽음의 그림자가 다가오기 시작하자 마음이 편안하지만은 않았습니다. 나는 그분께 '죽는다'는 것과 '죽음과 내생을 준비할 것'을 당부하였고, 그분은 나의 충격적인 말에 밤새 울었습니다.

어느 날, 나는 그분 앞에서 노래를 부르듯이 광명진언을 외운 다음 그 느낌을 물었습니다.

"내 몸이 마치 공중에 떠서 둥실둥실 날아오르는 듯하구나."

나는 그분께 광명진언의 뜻을 잘 풀이해 주었습니다. 그리고 죽음이 옷을 갈아입는 것과 같고 서산으로 진 해가 다시 뜨는 것과 같다는 것, 삶을 생명의 기운으로 살듯이 죽음도 생명의 기운으로 잠시 죽는다는 것 등을 이야기하면서, 생명의 진언이요 대광명의 진언인 광명진언을 외울 것을 권했습니다.

몇 주 뒤 그분은 하와이의 한 병원에 입원하여 이 생의 마지막을 준비하게 되었고, 나도 10여일을 옆에서 지키게 되었습니다. 그분은 며칠 동안 남편 형제 친구 등 가까운 분들과의 사이에 맺혔던 모든 것을 풀었습니다. 그리고 나는 옆에서 광명진언과 함께 '나무아미타불 관세음보살 지장보살마하살'을 노래하듯 불렀습니다.

그런데 7일 정도가 지나자 관(觀)을 하는

나의 눈에 여러 부처님과 함께 관세음보살님과 지장보살님이 보이는 것이었습니다. 여러 부처님이 환자의 주변에 둘러 서 있는 상태에서, 관세음보살님은 망인이 타고 갈 가마인 연(輦) 옆에 계셨고, 지장보살님은 한 손에 붉은 깃발을, 한 손으로는 석장을 짚고 매우 강인한 모습으로 서 계셨습니다. 마치 어떠한 삿된 것도 접근을 허락하지 않겠다는 듯한 표정이었습니다.

'아, 때가 되었구나.'

나는 임종이 가까워졌음을 느꼈습니다. 그런데 이상한 것은 부처님과 관세음보살님과 지장보살님의 모습이 전혀 바뀌지 않는 것이었습니다. 하루·이틀·5일이 지나도 그대로였습니다.

'이미 수명이 다한 분인데 생명장치로 억지로 머물게 하는구나.'

마침내 나는 그분께서 하고 있는 산소 호흡기 및 몰핀, 닝겔 주사액 등을 모두 제거하도록 청했습니다.

병원측에서 생명장치를 제거하고 30분이 지났을 때, 그분은 눈을 떠서 주위를 전광석화(電光石火)처럼 둘러보고는, '훅' 하고 숨을 들이키더니 임종하였습니다.

임종! 나는 주위 분들께 울거나 소리 내지 못하게 하고 그 순간부터 광명진언을 외웠습니다. 그야말로 삼매에 빠진 듯 광명진언을 외웠습니다.

순간, 이전까지 보이던 부처님도 관세음보살님도 지장보살님도 모두 사라지고, 그

분이 단정하게 피어난 붉은 연꽃 위에 올라앉아 허공을 둥실둥실 날아오르는 것이었습니다. 마치 가을하늘처럼 맑고 밝은 허공이었습니다. 그 허공을 너무나 평온한 모습으로 두둥실 두둥실 날아올랐던 것입니다.

그런데 갑자기 너무나도 찬란하고 밝은 황금빛 장막이 앞에 나타났고, 그분은 눈부신 그 장막 앞에서 멈칫멈칫 하였습니다. 그때 나는 그분을 향해 속으로 말했습니다.

"이 황금빛은 근본 깨달음의 자리인 본각(本覺)의 빛입니다. 장막이 있는듯하나 막이 아닙니다. 두려워하지 말고 뚫고 들어가십시오. 본각의 자리로 되돌아갈 수 있습니다."

그분은 두터운 황금빛 층을 뚫고 들어갈

듯 하다가 물러서고, 들어갈듯 하다가 물러서기를 여러 차례 하더니, 마침내 황금빛 장막 속으로 쑥 들어가는 것이었습니다. 바로 그때 누군가가 맑은 음성으로 일러주었습니다.

"저기가 극락이다."

순간 그분은 그쪽으로 향하였고, 찰나 사이에 한없이 크고 아름다운 백련(白蓮) 속에 앉아계셨습니다. 그것도 섬세하기 그지없는 흰 비단 옷으로 바꾸어 입고서….

'이제 되었구나.'

나는 그분의 극락왕생을 확신하고 소리 내어 외우던 광명진언을 멈추었습니다. 그리고 시계를 보니 숨을 거둔지 꼭 30분의 시간이 흐른 뒤였습니다. 30분 만에 그야말로 '옮길 천(薦)', '바라밀 도(度)'의 천도(薦度)가 모두 끝난 것입니다.

나는 너무나 신이한 이 일을 경험한 다음 우롱스님을 찾아가 말씀드렸습니다.

"그분의 수행력과 광명진언의 가피력, 그리고 원장의 원력이 합하여져서 그와 같은 기적이 나타난 것입니다. 참 거룩한 일입니다."

୫

광명진언은 작은 고난의 해결이나 소원성취, 가정의 평화와 행복, 객귀의 장난이나 한과 원이 맺힌 영가의 장애로부터의 해방 등에 대해서만 영험을 나타내는 것이 아닙니다. 광명진언은 비로자나부처님의 무한광명, 우리들 본각의 무한광명에 의해 우리를 윤회 밖의 세계인 극락과 본각의 자리로 돌아가게 만듭니다.

확신. 확신. 확신을 가지고 광명진언 기도를 해 보십시오. 꾸준히 하기만 하면 꼭 소원성취가 있기 마련이니, 이 좋은 진언을 어찌 외우지 않을 것입니까? 백일이라도 좋고 49일이라도 좋습니다. 아니 21일이라도 좋습니다. 꼭 광명진언 기도를 시작해보십시오. 틀림없이 가피를 입고 영험을 볼 것입니다.

나무불공대관정광명진언

광 명 진 언
옴 아모가 바이로차나 마하무드라
마니 파드마 즈바라 프라바를타야 훔

기도 및 영가천도의 지침서

광명진언 기도법 / 일타스님·김현준   신국판 176쪽 6,000원
광명진언 속에 새겨진 참의미와 바른 기도법, 빠른 기도성취법 등을 자상하게 설하고, 유형별 기도성취 경험담을 다양하게 수록하였습니다. 광명진언을 외우면 행복과 평화, 영가천도, 소원성취를 이룰 수 있습니다.

생활 속의 기도법 / 일타스님   신국판 160쪽 6,000원
불교계 최대의 베스트셀러! 일상생활에서 누구나 처할 수 있는 여러 가지 상황에 따른 구체적인 기도방법에서부터 특별기도성취법·영가천도기도법·기도할 때 지녀야 할 마음가짐까지, 자상한 문체로 예화를 섞어 쉽고 재미있게 엮었습니다.

기도 / 일타스님   신국판 240쪽 9,000원
총 6장 52편의 다양한 기도 영험담으로 엮어진 이 책을 읽다보면 기도를 통해 틀림없이 부처님의 가피를 입을 수 있음을 확신할 수 있게 되고, 올바른 기도법과 함께 기도성취의 지름길을 알 수 있게 됩니다.

관음신앙·관음기도법 / 김현준   신국판 240쪽 9,000원
관세음보살의 구원 능력, 주요 경전 속의 관음관, 11면관음·천수관음·32응신·33관음 등 자비관음의 여러 가지 모습, 일심칭명 일념염불의 관음기도법, 독경사경 기도법, 다라니 염송 기도법 등을 자세하고도 알기 쉽게 풀이하였습니다.

지장신앙·지장기도법 / 김현준   신국판 188쪽 7,000원
지장신앙 속에는 영가천도뿐만이 아니라 현세에서의 행복과 깨달음, 성불의 비결까지 간직되어 있습니다. 이러한 지장신앙의 여러 측면과 함께 생활 속에서 할 수 있는 지장기도법을 자세히 밝혀놓았습니다.

불교의 자녀사랑 기도법 / 김현준   신국판 160쪽 6,000원
가장 가깝고 가장 사랑하는 자녀들을 정말 잘 사랑할 수 있는 방법을 부처님의 가르침에 의지하여 정립하고 생활화한 책입니다. 특히 이 책속의 기도법은 자녀의 향상과 발전과 원성취를 이루게 하는 묘법이라 아니할 수 없습니다.

기도성취 백팔문답 / 김현준   신국판 240쪽 9,000원
기도에 대한 정의·기도와 믿음·기도를 방해하는 번뇌망상·업장소멸·꾸준한 기도의 효험·원을 세우는 법·축원법·각종 기도가피·기도성취의 시기·성취를 위한 하심법 등 기도에 관한 여러 궁금증들을 원리에 입각하여 풀이하였습니다.

참회와 사랑의 기도법 / 김현준   신국판 192쪽 7,000원
참회의 정의에서부터 참회기도를 해야하는 까닭, 절을 통한 참회법·염불참회법·주력참회법·가족을 향한 참회법, 기도 축원의 구체적인 내용 및 자비의 기도가 갖는 효과, '백중과 영가천도'등에 대해 아주 상세하게 설명하고 있습니다.

참회·참회기도법 / 김현준   신국판 160쪽 6,000원
참회의 참된 의미, 절·염불을 통한 참회법, 참회인의 마음가짐, 이참법 등을 영험담들과 함께 감동 깊게 엮은 책으로, 참회를 통해 행복하고 자유로운 삶을 사는 방법을 열어주고 있습니다.

화엄경 약찬게 풀이 / 김현준   신국판 216쪽 8,000원
화엄경약찬게를 그냥 읽으면 참으로 어렵고 무슨 내용인지 알 수 없지만 이 풀이를 본 다음에 읽으면 약찬게를 명확히 파악할 수 있게 될 뿐 아니라 화엄경의 내용까지 꿰뚫어 환희심이 샘솟고 대화엄의 세계에서 노닐 수 있게 됩니다.

신묘장구대다라니 기도법 / 우룡스님·김현준   신국판 208쪽 7,000원
신묘장구대다라니를 외우면 생겨나는 가피와 공덕, 기도의 방법과 주의할 점, 우룡스님이 들려주는 14편의 영험담, 대다라니의 근본경전인 『무애대비심다라니경』을 수록하고 있는 이 책을 읽고 자신있게 기도하면 심중 소원의 성취와 기적같은 체험도 할 수 있습니다.

기도 성취의 지름길 / 우룡스님   4×6판 160쪽 5,000원
가족을 위한 기도와 기도 성취의 원리에 초점을 맞춘 감동적인 기도법문집. 가족을 향한 참회와 절의 필요성, 3배 기도의 큰 영험과 함께 믿음과 정성이 뒤따르고 고비를 잘 넘겨야 기도를 성취할 수 있다는 것을 많은 이야기를 곁들여 설하고 있습니다.

기도 이야기 / 우룡스님   신국판 204쪽 7,000원
"스님, 기도로 소원을 성취할 수 있습니까?" 총 6장 45편의, 참으로 재미있는 기도성취 영험담이 수록된 이 책을 읽고 기도를 하면, 불보살님과 통하는 감응의 길이 열리면서 심중소원을 빨리 성취하게 됩니다. 또한 이야기 끝에 붙인 큰스님의 해설은 기도의 방법을 쉽게 터득할 수 있도록 이끌어줍니다.

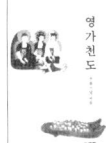
영가천도 / 우룡스님   신국판 160쪽 6,000원
영가의 장애를 느끼십니까? 돌아가신 영가를 영가를 제대로 천도해 드리지 못했습니까? 영가천도의 필요성과 기본자세, 염불·독경·사경을 통한 영가천도, 49재, 낙태아 천도 등 영가천도에 관한 궁금증 및 천도의 방법을 우룡스님의 자세한 법문으로 풀어드립니다.

법화경 (양 장 본) / 김현준 역   4×6배판 520쪽 25,000원
법화경 (무선제본) / 김현준 역   전3책 4×6배판 550쪽 22,000원
법화경 한글사경 / 김현준 역   4×6배판 각권 120쪽 내외
    전5책 권당 5,000원 5권 총 25,000원

불교 최고 경전인 법화경! 이 경을 독송하고 사경해 보십시오.
소원성취는 물론 깨달음과 경제적인 풍요까지 안겨줍니다.

법화경을 독송하고 사경하면 부처님과 대우주법계의 한량없는 가피가 저절로 찾아들어 업장소멸은 물론이요 갖가지 소원을 두루 성취할 수 있습니다. 특히 밝은 지혜를 얻고 크게 향상하게 되며 경제적인 풍요와 사업의 번창·입시등 각종 시험의 합격 및 승진이 쉬워지고 가족 모두가 평온하고 복된 삶을 누리며, 병환·재난·가난 등 현실의 괴로움이 소멸되고 부모 친척 등의 영가가 잘 천도되며 구하는 바가 뜻과 같이 이루어집니다.

지장경 / 김현준 편역   4×6배판 208쪽 8,000원

지장기도를 하는 분들을 위해 ① 지장경을 처음부터 끝까지 1번 독송, ② '나무지장보살'을 천번염송, ③ 지장보살예찬문을 외우며 158배, ④ '지장보살'천번 염송의 4부로 나누어 특별히 만들었습니다.
지장경 독경 및 지장보살예참과 염불을 할 때, 각 장 앞에 제시된 기도법에 따라 기도를 하게 되면, 지장보살의 가피 속에서 틀림없이 영가천도·업장소멸·소원성취·향상된 삶을 이룩할 수 있게 됩니다.
이 두 책의 내용은 같으며, 활자 및 책크기만 다릅니다.

다량의 법보시는 할인 혜택을 드립니다. 출판사로 연락 주십시오. ☎ (02) 582-6612

알기 쉬운 경전 해설서

생활 속의 보왕삼매론 / 김현준   신국판 240쪽 9,000원
병·고난·공부방해·마魔·억울함 등의 역경과 일의 성취, 정의 나눔, 타인의 순종, 공덕 쌓기, 이익과 부귀 등의 순경에서 발생하는 장애들을 능히 극복할 수 있게 하는 「보왕삼매론」을 원리에 입각하여 풀이하여 누구나 감동 있게 읽을 수 있습니다.

생활 속의 천수경 / 김현준   신국판 240쪽 9,000원
천수관음은 어떤 분이며, 천수관음을 청하는 법과 가피를 얻는 법, 신묘장구대다라니의 풀이와 공덕, 참회 성취의 비결 및 준제기도, 주요 진언의 뜻풀이, 각종 소원을 이루는 방법 및 기도법 등을 상세하게 풀이하고 있습니다.

생활 속의 금강경 / 우룡스님   신국판 304쪽 10,000원
금강경의 심오한 내용을 알기 쉽게 풀이하고 일상생활과 접목시켜 강설함으로써 삶의 현장에서 금강경의 가르침을 능히 응용할 수 있도록 하였고, 감동을 주는 일화들을 많이 삽입하여 재미를 더해주고 있습니다.

생활 속의 관음경 / 우룡스님   신국판 240쪽 9,000원
관세음보살보문품인 관음경을 통하여 관세음보살의 본질, 일심칭명과 재난 소멸법, 공경예배와 소원 성취법, 관세음보살을 관하는 법 등에 대해 여러 가지 영험담과 함께 감동적으로 풀이하고 있습니다.

생활 속의 반야심경 / 김현준   신국판 240쪽 9,000원
공空의 의미, 모든 괴로움의 원인과 괴로움에서 벗어나는 방법, 색즉시공 공즉시색의 참뜻, 걸림 없고 진실불허한 삶을 이루는 방법 등을 반야심경의 경문을 따라 쉽고 상세하고 재미있게 풀이하고 있습니다.

예불문, 그 속에 깃든 의미 / 김현준   신국판 256쪽 9,000원
불자들이 답을 얻기 어려웠던 오분향의 의미와 지심귀명례하는 방법, 불법승 삼보의 내용과 문수·보현·관음·지장보살, 십대제자·16나한·5백나한·천이백 아라한·역대조사, 그리고 사부대중의 화합 등의 내용을 모두 담았습니다.

....

자비도량참법 / 김현준 역   양장본 4×6배판 528쪽 25,000원
참되이 참회하시기를 원하십니까? 자비도량 참법 기도를 하십시오. 나의 허물과 죄업의 참회에서 시작하여 부모 스승 친척 등 육도 속을 윤회하는 온 법계 중생의 업장과 무명까지 모두 소멸시켜줍니다. 이 참법을 행하다 보면 저절로 참회의 마음이 깊어지고 자비가 충만하여지고 환희심이 넘쳐나게 됩니다.

육조단경 / 김현준   4×6배판 240쪽 8,000원
육조 혜능대사께서 설한 선종의 근본 경전으로 인간의 참된 본성을 보게 하여 마음을 치유하고 깊은 깨달음을 열어주는 불자의 필독서.

승만경 / 김현준 역   4×6배판 144쪽 6,000원
유마경 / 김현준 역   4×6배판 296쪽 12,000원
천지팔양신주경 / 김현준 편역   4×6배판 96쪽 4,000원

● 아름다운 우리말 경전 시리즈 ●

유교경 / 일타스님·김현준 역　　　　　　　　국반판　100쪽　2,500원
부처님의 간절한 마지막 가르침을 담은 매우 소중한 경전.

금강경 / 우룡스님 역　　　　　　　　　　　　국반판　100쪽　2,500원
'금강경을 우리말로 보급하겠다'는 원력에 의해 제작된 책.

관음경 / 우룡스님 역　　　　　　　　　　　　국반판　100쪽　2,500원
관음경의 번역과 함께 관음기도와 염불법에 대해 자세히 설한 책.

보현행원품 / 김현준 편역　　　　　　　　　　국반판　100쪽　2,500원
보현보살의 십대원을 설하여 참된 보살의 길로 이끌어주는 책.

약사경 / 김현준 편역　　　　　　　　　　　　국반판　100쪽　2,500원
한글 번역과 함께 약사기도법과 약사염불법에 대해 자세히 설한 있는 책.

지장경 / 김현준 편역　　　　　　　　　　　　국반판　196쪽　4,000원
편안한 번역으로 쉽게 이해할 수 있도록 하였으며, 기도법도 자세히 수록한 책.

부모은중경 / 김현준 역　　　　　　　　　　　국반판　100쪽　2,500원
부모님의 은혜를 느끼며 기도를 할 수 있게 엮은 책.

초발심자경문 / 일타스님 역　　　　　　　　　국반판　100쪽　2,500원
신심을 굳건히 하고 수행에 대한 마음을 불러일으키게끔 하는 책.

법요집 / 불교신행연구원 편　　　　　　　　　국반판　100쪽　2,500원
법회와 수행 시에 필요한 각종 의식문, 좋은 몇 편의 글들을 수록한 책.

● 많이 찾는 기도 독송용 한글 경전 ●

원각경 / 김현준 편역　　　　　　　　　　　4×6배판　192쪽　8,000원
한국불교의 근본 경전인 원각경을 3년 동안 정성을 다해 수십 차례 번역·수정·윤문하여 쉽게 이해할 수 있도록 하였습니다. 한글과 원문을 바로 옆에 두어 대조하며 읽을 수 있습니다.

보현행원품 / 김현준 편역　　　　　　　　　4×6배판　112쪽　5,000원
보현행원품과 예불대참회문을 함께 실어 독경 후 행원품에 근거한 전통적인 108배를 행할 수 있도록 만들었으며, 독송 방법과 대참회의 의미 등도 상세히 설명하였습니다.

금강경 / 우룡스님 역　　　　　　　　　　　4×6배판　112쪽　5,000원
책 크기만큼 글씨도 크게 하고 한자 원문도 수록하였으며, 독송에 관한 법문도 첨부하였습니다. 사찰 및 가정에서의 독송용으로 매우 좋습니다.

약사경 / 김현준 편역　　　　　　　　　　　4×6배판　100쪽　4,000원
아주 큰 활자로 약사경 한글 번역본을 만들었습니다. 약사경 독경 방법 및 약사염불법도 함께 실어 기도에 도움이 되도록 하였습니다.

관음경 / 우룡스님 역　　　　　　　　　　　4×6배판　96쪽　4,000원
커다란 글씨의 관음경 해설과 함께 관음경의 원문과 독송법, 관음 염불 방법 등을 수록하여 관음경의 가르침을 쉽게 이해하도록 하였습니다.

읽을수록 신심을 북돋우는 책

리틀 붓다, 행복을 찾아서 / 클라우스 미코슈 지음·김연수 옮김
재치와 감동과 따뜻함이 있는 이야기. 지혜로운 삶에 관한 이야기. 꿈과 성취와 행복이 담긴 이야기. 소중한 삶의 주제들로 가득 채워진 이 책을 읽다 보면 진정한 행복이 무엇인지를 깨닫게 되고, 우리의 불성이 깨어나고 있음을 느낄 수 있게 됩니다.
컬러양장본 184쪽 12,000원

뭐가 그리 바쁘노 / 김현준 엮음   4×6판 180쪽 5,500원
총 8장 73가지 일화를 담은 이 책 속에는 우리의 정신을 번쩍 깨어나게 하고 새로운 기운을 불러일으키는 일화들을 비롯하여, 스님께서 제자·시자·신도·수행승들과 함께한 일상생활 속의 참모습들이 생생하게 묘사되어 있습니다.

참 생명을 찾는 경봉스님 가르침 / 김현준 엮음   신국판 192쪽 7,000원
경봉스님께서 설한 법문집. 참 생명을 찾는 공부 방법과 도와 인생의 실체, 이 사바세계를 무대로 삼아 멋있게 사는 법 등을 다양한 이야기와 함께 엮은 책입니다.

도와 함께하는 행복과 성공 (경봉스님 법어집) / 김현준   160쪽 6,000원
행복은 어디에 있고 어디에 깃들며, 어떻게 할 때 성공하는가? 복 짓는 법과 성공에 있어 가장 필요한 것이 무엇인지를 잘 깨우쳐주고 있으며, 참선수행은 어떻게 하는지를 자상하게 일러주고 있습니다.

불자의 마음가짐과 수행법 / 일타스님   신국판 192쪽 7,000원
불자들이 큰 행복과 대자유를 얻기 위해서는 어떠한 마음가짐으로 살아야 하며, 참선·염불·간경·주력의 불교 4대 수행법을 어떻게 닦아야 하는가를 갖가지 비유를 들어 상세히 설하고 있습니다.

오계이야기 / 일타스님   신국판 160쪽 6,000원
살생·투도·사음·망어의 근본 4계에 불음주계를 합한 5계에 대한 법문집. 재미있는 일화를 들어 각 계율의 연원과 지키는 방법, 계율을 범했을 때의 과보 등을 자세히 설했습니다.

불자의 행복 찾기 / 우룡스님   신국판 190쪽 7,000원
우룡스님 설법의 결정판. ① 복 받기를 원하거든 ② 보시로 이루는 큰 복 ③ 아상과 무주상 ④ 행복과 기도의 총 4장으로 나누어져 있는 이 책을 읽다 보면 복 짓고 복 쌓고 복 받는 방법과 원리를 저절로 터득할 수 있게 됩니다.

이야기로 배우는 불교 / 보성스님   신국판 160쪽 6,000원
불교! 누구나 쉽게 배울 수 있습니다. 총 5장 44편의 불교와 인생과 기도 이야기를 담은 이 책을 읽다 보면 인간답게 살아야 하는 까닭, 복과 지혜와 자비를 담으며 사는 방법, 감동이 있는 삶과 부처님 가르침의 핵심, 기도를 통해 가피를 입을 수 있는 원리와 방법 등을 터득할 수 있습니다.